厦门市文化和旅游局
厦门市闽南文化研究会 编

闽南非物质文化遗产丛书 · 第二辑

王审知信俗

蔡亚约 著

海峡出版发行集团 THE STRAITS PUBLISHING & DISTRIBUTING GROUP | 鹭江出版社 LUJIANG PUBLISHING HOUSE
2020年 · 厦门

总　序

厦门的非物质文化遗产，伴随厦门的兴衰，历经沧桑，衍变至今，形成一个既相对完整，又富有创造精神的文化生态，承前启后，自成风貌。

自国家级文化生态保护实验区设立后，闽南文化出现了极其繁荣的局面。厦门各界大胆实践，守正创新，既制定发展规划，又出台建设办法，构建了较为完善的国家、省、市、区四级非遗传承体系，一批非物质文化遗产展示区、保护试点、传承中心等项目建设顺利推进。

2017年，金砖五国国家领导人在厦门会晤，厦门非遗再一次受到国家的高度重视。会晤期间，文旅部门成功组织了非遗展演活动，习近平总书记还亲自向普京总统推荐、介绍厦门非遗，其中厦门漆线雕、惠和影雕大放异彩，为国家赢得了荣誉。

2019年，厦门的国家级非遗项目送王船，首次成为中国和外国联合申报人类非遗名录的项目，成功列入2020年联合国教科文组织的审核清单。在这一段时间里，中国和马来西亚各自从本土出发，带着兼收并蓄的开放心态，跨越古今中外，加强研究，凝聚共识，形成合力，统一文本，联合申报。如今，人们对送王船等非遗的研究，兴趣越来越浓，关注越来越多，认识也越来越深，可以说成绩斐然，硕果累累。这些研究，从远处说，是一种文明成就；从近处说，贴近人心，满足人们对美好生活的向往，弥足珍贵。

2013年，闽南非遗丛书第一辑的出版，引起全球闽南文化圈的关注，使热爱厦门的广大民众，对厦门的非物质文化遗产多了一分了解。这辑丛书，实际上是一个“药引子”，要配齐整服药，需要这座城市所有人一起努力，不断进取，继续把厦门的闽南非遗捡拾起来，补充完整，互联共享，让厦门非遗在新的起点上，实现新作为，激发新活力。

如今，闽南非遗丛书第二辑，在人们的热切盼望中出版在即，这是厦门非遗建设取得的又一丰硕成果。该丛书侧重选择具有较高社会价值、美学价值和科学研究价值的类别，以民俗文化为主，对有形的、无形的、静态的、动态的非物质文化遗产进行梳理和总结。一套八本，内容丰富，为厦门非遗的创造性转化和创新性发展，又搭建了一个新的信息展示平台，让人们对厦门相关非遗项目的历史脉络和文化特征有更深刻的认识和了解。

无疑，无论是那些在中山公园晓春楼喝茶聊天的老先生，还是在锦华阁听古乐南音的老阿婆，他们都生活在先人留下来的文化氛围中。这些轻松、温馨的场景，每每让人涌起潜藏的感情，沉浸其中，又怦然心动，且难以自拔。这些场景、这种感情，日渐成为厦门非遗的一道人文景观。厦门非遗是闽南文化研究的核心，寄望于世世相传，代代相承。也正缘于此，闽南非遗丛书第二辑的出版，弥补了厦门非遗研究某些方面的缺失，为这座文化底蕴深厚的城市增添了一抹迷人的色彩。

当前，厦门遗留下来的非遗文化形态多姿多彩，备受瞩目。人们对闽南文化综合性的整体研究刚刚起步，但势头良好，令人备感欣慰！厦门闽南文化研究会原会长陈耕先生，以多种方式鼓励学者同仁，合其人力物力，推动厦门非遗的研究，体现了共建学术共同体的责任，其心可嘉，值得铭记。

厦门市闽南文化研究会会长　叶细致

序

《礼记·祭法》云："夫圣王之制祭祀也，法施于民则祀之，以死勤事则祀之，以劳定国则祀之，能御大菑则祀之，能捍大患则祀之。"此外，"日月星辰，民所瞻仰也；山林、川谷、丘陵，民所取财用也"，这些有功于民众之物，人们也需要祀之。总之，那些在社会生活中有功于人的人物与物质，人们都会将其奉为神明加以祭祀与崇奉。在中国的民间信俗中，这是人们创造神明所遵从的一条基本的文化规则，换句话讲，这一规则是中国文化中人们建构神明的一种深层的文化逻辑。

故而，历代统治者都会利用宗教来强调王权神授，并以此强化朝廷对民众、对社会的控制能力。但并非每一位统治者都可以成为神明而受后人的崇奉与祭祀，只有那些为人们做了许多好事，有功于民众、具备所谓"道德"的帝王，才有可能被民众奉为神明、列入神明榜中，而为人们所崇拜与祭祀。闽王王审知就是这类神明中的一员。王审知在统治福建的二十九年中，政治清明，重视生产，减轻赋役，奖励通商，与民休息，宽刑简政，发展教育，在福建功绩卓著，才被后人誉为神明，并有着"开闽第一""开闽王""忠惠尊王""护国尊王""都督府王"等尊称。后人崇敬他，供奉、祭祀他，主要是感念他惠泽民众的功绩以及他所具备的为中国文化所称道的道德精神。

关于王审知的事迹已有不少著述论及，但作为非物质文化遗产项目之一的开闽王王审知信俗，却少有人论述。这本《王审知信俗》填补了这一空白。本书中介绍了闽国的兴衰，王审知的生平与有功于人们的道德表现，也介绍了形成开闽王王审知信俗后的一些信仰与纪念活动实践，以及王审知信俗列入福建省级非物质文化遗产后的文化复振和重新解释与社会建构的情况，大体将王审知信俗的形成、发展与现代的表现情况作了比较系统与客观的阐述，也对该信俗的意义、价值、社会功能等做了表述，颇有见地。这不仅有助于人们了解与认识开闽王王审知的道德表现和该信俗从过去到当下的变迁、传承与保护情况，也为进一步深入探讨王审知信俗的意义、价值和社会功能等建立了良好基础。

作者蔡亚约从事非物质文化保护工作时间虽然不是很长，但他勤勉、好学、执着、接地气，较好地把握了历史人类学的研究方法，经常下到民间文化田野，用心去收集相关的口述资料与碑铭资料，并很好地与历史文献的研究、解读、分析相结合，故他的这一著作，不仅客观地表述了这一非物质文化遗产项目的客位与主位叙事的特点，而且也具有深入浅出、可读性强的特征。故而，值得老朽在此为其写序。

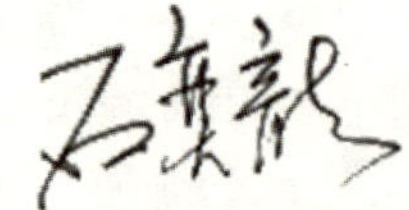

2019 年 4 月 17 日于厦门大学北村海隅斋

石奕龙，厦门大学教授，人类学博士生导师，福建民俗学会副会长，厦门市闽南文化研究会副会长，福建省高校人文社会重点研究基地——厦门大学人类学研究中心原主任。

目录

第一章　三王入闽事迹

闽，福建省的简称，这片神秘的土地，自古称为闽越地，秦汉之际就有中原汉民迁居。汉武帝时闽越人反复叛乱，被强迁于江淮流域，使闽地长期成为一片荒芜之野。晋唐时期，因战乱中原人几次大规模南迁，闽地政权风起云涌，辖制区域变幻不定。直至唐末王潮、王审邽、王审知三王入闽，建立五代时十国之一的闽国（909—945），福建才成为相对固定的民系区域并延续至今。其中王审知治闽 29 年，为福建的经济、社会、文化发展奠定了基础，被称为“开闽王”“八闽人祖”。

开闽王画像

第一节　纷乱背景

唐朝（618－907），是中国历史上一个强大而繁荣的统一王朝。经过“贞观之治”“永徽之治”到“开元盛世”，达到秦汉、隋以来最鼎盛时期，当时全国人口达 8000 万之多。“安史之乱”后唐王朝逐渐走向衰落，“小太宗”唐宣宗执政之后，唐懿宗与唐僖宗昏庸无能，致使政治腐败，宦官专权，藩镇兴起。唐宣宗大中十三年（859 年）裘甫在浙东起事，唐懿宗咸通九年（868 年）庞勋在桂州起义，开启大规模农民起义的先声。唐僖宗乾符元年（874 年），爆发王仙芝、黄巢农民起义，唐朝的政治基础被打破，唐朝统治名存实亡。

王审知出生于唐懿宗咸通三年（862 年），就在唐末大规模起义来临之际。唐僖宗中和五年（885 年），在黄巢起义动乱中，寿州（今安徽寿县）人王绪攻陷固始，23 岁的王审知随兄王潮、王审邽被招入军中，同年南下入闽并发动兵变夺得军权，于唐僖宗光启二年（886 年）占泉州。时至 889 年，唐僖宗在动乱中死去，其弟弟唐昭宗继位。唐昭宗景福二年（893 年），王潮攻入

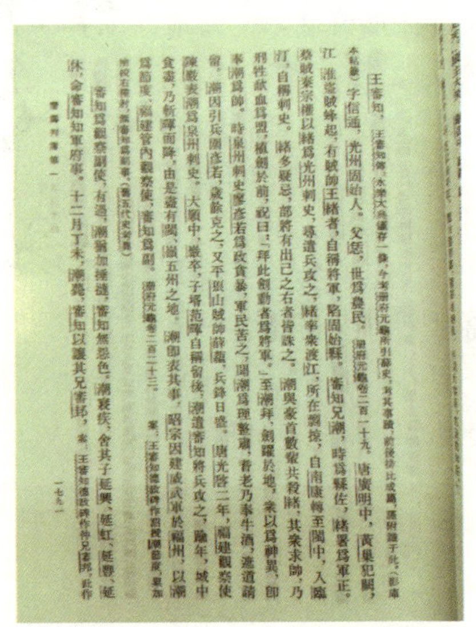
王審知，（王審知傳，永樂大典僅存一條，今采冊府元龜所引薛史，附其事蹟，前後仿比成篇，原附錄于此。〈影庫本粘簽〉）字信通，光州固始人。父恁，世爲農民。（冊府元龜卷二百一十九。）唐廣明中，黃巢犯闕，江、淮盜賊蜂起，有賊帥王緒者，自稱將軍，陷固始縣。審知兄潮，時爲縣佐，緒署爲軍正。蔡賊秦宗權以緒爲光州刺史，尋遣兵攻之，緒率衆渡江，所在剽掠，自南康轉至閩中，入臨汀，自稱刺史。緒多疑忌，部將有出己之右者皆誅之。潮與豪首數輩共殺緒，其衆求帥，乃刑牲歃血爲盟，植劍於前，祝曰：「拜此劍動者爲將軍。」至潮拜，劍躍於地，衆以爲神異，即奉潮爲帥。時泉州刺史廖彥若爲政貪暴，軍民苦之，聞潮爲理整肅，耆老乃奉牛酒，遮道請留。潮因引兵圍彥若，歲餘克之，又平狼山賊帥薛蘊，兵鋒日盛。唐光啟二年，福建觀察使陳巖表潮爲泉州刺史。大順中，巖卒，子壻范暉自稱留後，潮遣審知將兵攻之，踰年，城中食盡，乃斬暉而降，由是盡有閩、嶺五州之地。潮即表其事，昭宗因建威武軍於福州，以潮爲節度、福建管內觀察使，審知爲副。（冊府元龜卷二百二十三。案：王審知德政碑作潮授節度，審知加檢校五部尚書，權審知副軍事。（舊五代史考異））

審知爲觀察副使，有過，潮猶加捶撻，審知無怨色。潮寢疾，舍其子延興、延虹、延豐、延休，命審知知軍府事。十二月丁未，潮薨，審知以讓其兄審邽，（案：王審知德政碑作仲兄審邦，此作

僭僞列傳第一　　一七九一

《旧五代史》关于王审知的记载

福州，之后建州、汀州也先后归降，王潮遂尽有福建五州（福、建、泉、漳、汀州，属江南道）之地。唐绍宗任命王潮为福州、建州等州团练使，后升为福州观察使，王审知为副使。唐昭宗乾宁四年（897 年），王潮病卒，王审知接任威武军节度使。

此时，中原的李家政权已至灭亡之界。天祐四年（907 年），朱温逼唐哀帝李祝禅位，改国号为梁，是为梁太祖，改元开平，定都于开封，中国历史进入五代十国战乱时期。

五代十国形势图

五代十国是唐末藩镇割据局面的继续和发展。“五代”是在中原一带相继出现的后梁、后唐、后晋、后汉、后周五个朝代，都是夺取了中央权力的节度使建立的政权，共历时53年，产生了14位皇帝；“十国”有前蜀、后蜀、吴、南唐、吴越、闽、楚、南汉、南平（荆南）、北汉，是中原地区之外藩镇割据的继续，共历时78年，产生了41个地方性的“皇帝”。

公元909年，后梁封王审知为闽王。王审知治闽29年，睦邻保境，轻徭薄赋，使闽国势强盛。王审知死后，继位的大多为暴君，内乱不休，公元945年被南唐攻灭。闽国传三世、历六帝，时37年。

第二节 入闽征战

一、南下福建

唐僖宗初年，政治腐败，科敛繁重，灾荒连年，黄河以南尤为严重，劳动人民无以为生，被迫揭竿而起。乾符二年（875年）初，王仙芝自称“天补平均大将军”兼“海内诸豪都统”，在长垣（今河南长垣东北）率数千人起义。同年，黄巢在冤句（今山东菏泽市西南）响应王仙芝起义。公元880年，黄巢起义军攻下洛阳，中和元年（881年）一月，起义军进入长

三王入闽图

安，僖宗出逃成都，黄巢于长安即位，国号大齐，年号金统。随后，双方展开了反复的拉锯战。

也正是黄巢称帝这年（881 年）八月，寿州（今安徽寿县）的杀猪贩子王绪也想做番大事，和妹夫刘行全趁势聚众五百多人，占据霍州，后攻入寿州、光州。为了站稳脚根，发展势力，他扩充军队，听说光州固始县“王氏三龙”很有本事，便将他们招进军中，遂任命王潮（原固始县佐史）为军正，而王审邽、王审知也随兄入伍。王绪虽然得了寿州、光州，但兵少势薄，为了站稳脚跟，便投靠在了蔡州刺史秦宗权的门下。秦宗权任命他为光州刺史，让他配合对付黄巢起义军。

蔡州（今河南汝南）的秦宗权也算是个枭雄，十国中有蜀王王建、楚王马殷和闽王王审知（间接下属）三个开国帝王出自他的帐下。中和三年（883 年），黄巢退出关中，入河南。秦宗权迎战，为起义军所败，遂降黄巢。中和四年（884 年）夏，黄巢军败北撤，秦宗权野心随之膨胀，于光启元年（885 年）二月在蔡州称帝，并分兵攻取了周边 20 余州，一时成为中原地区实力强大的军阀集团之一。

王绪以寿州、光州依附秦宗权，被秦宗权当成家奴一般使唤，对秦宗权是又恨又怕。光启元年（885 年）春，秦宗权与宣武军节度使朱温争夺中原，因军中缺粮，便让王绪送钱粮。王绪那点粮食还不够自己吃，就赖着不给，秦宗权便兴师问罪。王绪自知寡不敌众，带着五千多军士和一些愿跟随他的寿州、光州百姓南逃，王潮三兄弟也带着老母亲随军南下。

王绪队伍一路南下，一路流窜，一路剽掠，军队发展到了数万人。当时他们到底想去哪里？一种可能是去岭南，因为当时广州一带已是较为富饶之地，而福建是一个山多林密、人烟稀少的地方，不是中原人发展的理想之地，实际他们也曾试图进入岭南；另一种是他们根本不知道能去哪里，当时军阀割据，兵荒马乱，加上信息闭塞，哪个地方适合落脚根本无法确定，只知一路向南走，再伺机建立根据地。

那王氏兄弟等几千名军民随王绪南下入闽，具体走的哪条路线？史料上记载得比较清楚：光州、寿州→浔阳（九江）→洪州（南昌）→南康（赣州）→汀州（长汀）→漳浦→南安。

三王入闽路线图

从固始南下九江段，中间有个天然屏障——鄂豫皖交界处的大别山。当时，光寿吏民扶老携幼随军南下，走的必是平坦道路。因此只有两条路可走：向西绕过大别山由武汉地区沿长江到九江，或是向东沿着安徽西部到九江。因由光州向西绕翻山进入湖北，再经湖北东部到九江，这条路要翻山乘船而且耗时，故走这条路不大可能。因此，他们最有可能经过安徽六安、霍山一带南下，在安庆一带渡江，然后向南经江西的彭泽、湖口，进入九江。

从九江到赣州段，王绪队伍沿赣水向南，首先进入洪州（南昌），然后到吉州（吉安），攻占虔州（赣州），部分军队越过大庚岭，攻占广东曲江（韶州）。这时，遇到了一个强劲对手——卢光稠、谭全播。885 年，卢、谭在南康县石溪都（今上犹县双溪乡）聚众起义，成为虔、韶、潮地区的重要力量。卢、谭出兵抗击王绪南下，占据虔、韶二州。

从赣州到南安段，王绪受到卢、谭攻击后向南进入闽西，占领汀州，自称汀州刺史。不久，他继续率军南下，到达漳、潮地区，在潮州又受到谭全播伏兵袭击，最后聚集漳浦，并沿海向北进入漳州龙溪，转入南安。

二、　义释陈岩

王绪率军从漳州进发南安的途中，突然遭到了陈岩武装的袭击。陈岩本为汀州的一位举人，在黄巢举兵南下福建、广东时，为保卫一方安宁，纠集了一支号称“九龙军”的自卫队，并得到土绅的一致拥护，福建观察使郑镒推荐其担任团练副使，兼清源刺史。当时泉州左厢都虞候李连犯罪逃至山区负隅反抗，陈岩率“九龙军”将他一举击败，势力不断壮大，后来郑镒不得不推荐陈岩替代自己担任福建观察使。

王绪部队因情况不明，又事出突然，仓促应战，一时陷入重围。眼看即将大败，只见一名跨着白马的小将王审知率军从斜面杀出，左冲右突，所向披靡，稳住了阵脚。双方激战许久，战事胶着。这时，王审知巧下埋伏，擒获陈岩，冲出堵击线。王审知抓住陈岩之后既没有杀害，也没有交给王绪发落，而是毅然释放了他。王审知认为，陈岩出兵截击，初衷不是刻意为敌，而是为了保本境平安；自己本来没有打算在这里长期驻扎，毕竟从千里之外南下，应该尽量不和当地人发生冲突。

白马三郎入闽图（北辰山闽王馆）

北辰山白马雕像

王审知初露头角，智勇双全。二十多岁的少年胆气凌云，力挽狂澜。更加难能可贵的是，他能从全局出发，审慎考虑，没有草率处理与地方武装的关系，他释放陈岩之举，为他们日后在闽地站稳脚跟与开创天地带来了很大的益处。

三、 竹林兵变

当王绪南下时，以其妹夫刘行全为先锋，王潮为副先锋。“王家三龙”率领固始宗族和乡兵并奉母董氏随行。王绪其人猜忌残忍，部将有才能者和不顺从的大多被杀害，连先锋刘行全的两个亲弟德全、待全也被杀害，搞得军中人人自危。当军队到达漳浦，王绪借口路险粮少，命令军中不得携带老弱之人，违令者斩。当时王潮三兄弟扶着老母亲随军而行，王绪将他们叫去斥责道：“军中都有法令，没有无法之军。你们违抗我的军令不杀老母，是不守军法。”王潮兄弟齐声说：“人都有母亲，没有无母之人。将军为什么要让我们舍弃老母？”王绪大怒，命人杀王潮的母亲，兄弟三人挡住说：“我们侍奉老母如同侍奉将军，你既然要杀我们的母亲，那还用我们做什么？请先杀了我们吧！”众将士见状，纷纷为他们求情，王绪只好作罢。

北辰山竹林

竹林兵变介绍栏

光启元年（885 年）八月，当队伍走到南安大同场（今厦门市同安区五显镇北辰山）时，王潮对先锋刘行全说：“我们丢弃祖坟和妻小来做强盗，原是被王绪所逼，现在他妄加猜疑，将领吏官有才能的都横加杀戮，你我朝不保夕，大家怎么能成大事呢?”先锋刘行全听后醒悟过来，于是大家商议除掉王绪，遂挑选了几十个心腹勇士，埋伏在竹林里，等王绪一来，一拥而上将其拿获，囚禁在军中，王绪不久便自杀了。

王绪被废，军中欢呼雀跃，王潮推举先锋刘行全任主帅，刘行全说：“是王潮救了大家，应请他任主帅”。众人于是刑牲歃血为盟，插剑于地，说：“谁拜此剑时，剑能动的，谁为将军。”到王审知拜时，剑三拜三升，大伙儿以为神奇，推举王审知为主帅。王审知自谦年轻难以当此大任，以“事长必顺”为理由推其大哥王潮为主帅，自任副手。王潮当仁不让，负起大任来。

四、 占据泉州

军中政变后，王潮整治军队，对外说入巴蜀，去保护唐朝皇

王潮画像

张延鲁画像

帝，其实是想率军北归。部队一路上秋毫无犯，有口皆碑。王潮军经永春、德化、大田，到达沙县。其时，泉州刺史廖彦若横征暴敛，残忍无道，百姓苦不堪言。泉州人张延鲁听说王潮治军有方，就领着父老乡亲，带来犒军的牛和酒，拦在路中，请求为他们除去一害。于是王潮领兵包围了泉州城。泉州城墙坚固，廖彦若死守，在围城一年之后，王潮最终于光启元年（885 年）八月占领了泉州，处死了廖彦若。同年，福建观察使陈岩任命王潮为泉州刺史。

泉州城当时是福建的一座大城，而且拥有良港，海上贸易发

泉州开闽三王祠，宋米芾手迹“一本三宗”

达，相对富庶。打下泉州后，王潮收编了泉州离散守军，又平定了狼山贼匪薛蕴，占据了闽南的大片领域，建立了“王氏政权”。他悉心治理、减轻赋税，扩充军队，深受吏民爱戴。至此，入闽三王有了自己的根据地，开始了在闽国发展的序幕。

五、 兵进福州

景福元年（892 年），福建主政的陈岩去世，其临终时想让王潮代他主持福建军政，书信未到人就去世了。他的女婿（一说妻弟）范晖夺取了政权，自称留后，但骄侈无能，大失军心，于是王潮派堂弟王彦复为统帅、王审知为都监，攻打福州。没想到福州城坚固难攻，围攻了很长时间也没有攻破，而且伤亡惨重。这时，范晖的五千援军又将逼近。王彦复、王审知请求退兵，王潮不准，王彦复又请援兵，并求王潮亲自来督战。王潮回信道“兵将俱尽，吾当自来。”王彦复、王审知知道了大哥的决心，激发了决一死战的勇气，于是亲临前线，指挥将士一次次猛攻。一年后，即唐景福二年（893 年）五月，城内粮草已尽，属将杀了范晖，开城投降，福州城终于被攻下。王潮入福州自称留后，实现了历史性的大迁移。

福州五四路王审知塑像

不久，建州人徐归范杀死了原来的刺史熊博，以建州归顺王潮，汀州刺史钟全幕也归顺王潮，王潮遂尽有福建五州之地。接着，王潮平定梅海间的盗匪，派部将李承勋领军平定黄连洞少数民族对汀州的围攻，恩威并举，收编福建境内的二十多股地方力量，闽地初步安定。乾宁三年（896 年），唐绍宗升福州为威武军，任命王潮为威武军第一任节度使，又加封检校尚书左仆射的荣衔，后任命为福州观察使，王审知为副使。

六、继兄封王

王审知当年为威武军节度副使，为人状貌雄伟，隆准方口，常乘白马，军中都称他为“白马三郎”。他没有一点骄横之气，且豁达大度，有过错时被大哥责骂也毫无怨言，深得王潮的信任器重。

唐乾宁四年（897 年），王潮病倒，他放弃自己的儿子延兴、延虹、延丰、延休，而让王审知主政。898 年初，王潮去世。王审知让二哥王审邽继位，王审邽认为王审知有功绩，推辞不接受。王审知于是自称福建留后，向朝廷上表。唐任命其为威武军节度、福建观察使，累迁检校太保，封琅邪郡王。至后梁开平四年（910 年），朱温加拜王审知为中书令，封闽王。

福州王审知纪念馆供奉三王

王审知继位拜剑台古迹碑

广利庙“开闽第一”牌匾

龙墀班听漏声长，竹帛昭勋扑御香。
鸣佩洞庭辞帝主，登车故里册闽王。
一千年改江山瑞，十万军蒙雨露光。
吟寄短篇追往事，留文功业不寻常。

这首《文明殿受册封闽王》是当时的任右谏议大夫、册礼副使，后为闽相翁承赞写的诗，纪录了册封这一事件，表达对王审知开闽功绩的钦佩。

第二章 王审知治闽功绩

第一节 开门治闽

自王审知唐乾宁四年（897 年）继兄嗣位，到后唐同光三年（925 年）十二月去世，史称“轻徭薄敛，与民休戚。三十年间，一境晏然”。在唐末五代军阀割据混战的年代，维持近三十年之久的安定，改写了福建这一带乱世蛮荒、盗匪蜂起、饥民遍野、流民塞道的历史，开创了八闽大地的历史新纪元。

王审知治闽图

一、定国安邦

在政治上，王审知主政时期，正值中原地区唐昭宗政局混乱，朱温废唐建立后梁，李存勖灭梁建立后唐的时期。当四方窃据、纷纷称帝之时，王审知却审时度势，韬光养晦，始终不渝地坚持“宁为开门节度使，不作闭门天子”。当时向中原进贡，中间隔着吴国，需通过海道从登州、莱州运到汴州，常常遇到狂风巨涛，船只十有四五会遭受损失，但王审知坚持向三朝中原政权进贡。这样，王审知不仅得到中原正统政权的不断加封，改变了“叛匪”“流寇”的形象，还利用大国的威严和实力为保护伞，避免周边诸国的兼并，使弱小的闽国赢得安定发展的机会。

在军事上，王审知建闽初期，周边有好几个割据势力，今浙江一带的钱镠，越州的董昌，江西的卢光稠和谭全播，广东的刘隐和刘岩，江苏、安徽的杨行密，而当时的闽地人口不过几十万人，军队不过几万人。王审知采取了尊奉中原、守边观变、联弱抗强、扩兵强军的战略，维护国家统一。王氏兄弟入闽后，钱镠消灭了董昌，刘岩占了卢、谭的潮州，杨行密南下消灭卢、谭，占据虔、韶州。而王氏政权从未主动向外用兵，除 922 年南汉兵犯汀州、漳州，很快被击退外，也未受外邦欺侮，境内一片升平。王审知身先士卒，受到士兵的爱戴；治军严整，所到之处秋毫无犯，受到百姓的拥护。他采用军屯策略，部队平时开垦农田，练兵备战。他注重构建城池和修建要塞，曾两次扩建福州城墙，在子城之外建了罗城和南北月城，筑大门、便门和水门，挖建护城河，使城池面积比旧城扩大七倍多。当时，王延彬扩建泉州城，孟威在建州添筑南罗城，章仔钧在浦城西岩山建军事工事，控制入闽要道，使福建免遭战乱之灾。

在外交上，王审知采取了睦邻保境、连横抗强的战略，确保闽国的安宁。闽与吴、吴越、南汉相毗邻，吴最强，对王审知威胁最大。吴国创建者杨行密统一了江淮后，势力向现江西一带发展，先消灭了抚州的危全讽，又进攻虔州的谭全播，闽、吴越、楚联合救谭，但吴兵力强大，最后占领虔州。对吴国，王审知一方面通过中原政权对其施压，一方面联合邻国一起对付，尽力避

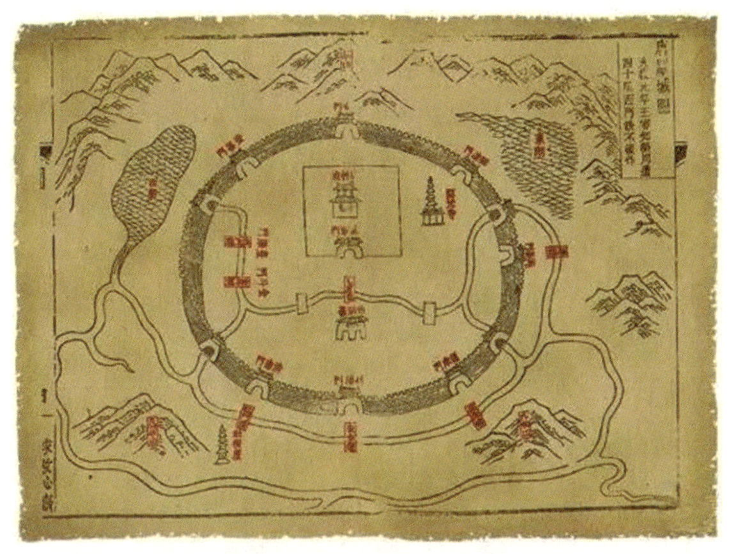

《闽中记》中的福州罗城手绘地图

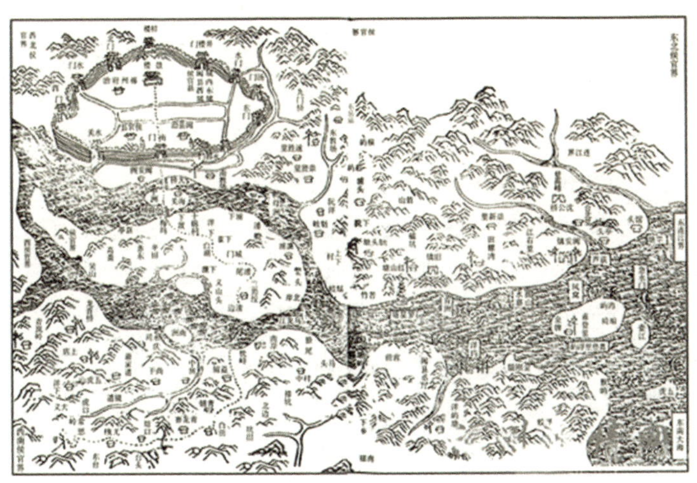

五代闽县疆域图

免边境争端，和平相处。与吴越国则极力发展盟友关系，甚至联姻，王审知将第二个女儿嫁给钱镠第五子钱传响。钱传球曾率吴越军队入福建汀州，与王审知联盟抗击吴国。闽国与南汉之间很早就互派使节，后刘隐之女刘华嫁给王审知第三子王延钧，虽有边境冲突，但总体能和平共处。

劝课农桑

夜半呼儿趁晓耕，羸牛无力渐艰行。
时人未识农家苦，敢道田中谷自生。

这首《劝农诗》出自负责农业工作的闽国大臣颜仁郁之手，是当时闽国大力发展农业的真实写照。王审知出身贫寒农家，深知农耕是民生之本，遂将入闽的众多中原人入籍散居于八闽大地，向当地人民传授先进技术，并招集流散人员，鼓励耕垦，发展生产。他施行轻徭薄赋政策，修改唐朝实行的“两税法”，实行均赋措施，农民耕种公田，其税“什一”，“敛不加暴”，减轻赋税负担。他又借贷耕牛、犁耙、种子，编粮册，定租税，极大地调动了农民的生产积极性。

他鼓励农民努力开垦，“至数千里无旷土”。瀛洲（福州台江区）一带当时尚是荒凉的洲地，他采用“插栖”的办法，即以竹条插围烂泥地垦殖荒地，如今当地仍留有一地名“竹排营”。他还亲自主持疏浚西湖，围海造田，并引西湖水灌溉闽县、侯官两县的民田。在福清县南隆里祭苗墩修筑海堤，数千亩农田受益。康熙年间诗人黄任写诗赞道：

琅琊拓国夹城开，遂使三湖半草莱。
六十九渠忠惠力，辛勤曾复五塘来。

王延钧妃刘华墓出土的陶俑

王延钧妃刘华墓出土的陶器

闽开元通宝

闽月钱

他在平原推广双季稻，在武夷山区开垦茶园，种植茶树园达1000余处，同时因地制宜发展纺织、陶瓷、冶金、铸造等手工业生产。公元916年，王审知在铅产地汀州宁化县就地取材置办铅场，浇铸铅质钱与铜钱并行。公元922年，浇铸开元通宝铅质钱。

在泉州，先后主政的王潮、王审邽、王延彬重视农桑，开垦梯田，发展经济，如今的晋江六里陂、南安白家陂、九溪十八坝等都是当年建造的水利设施。得益于此，泉州土地得到了开发，人口数量显著增加，增设德化、同安、桃林（永春）、清溪（安溪）四个辖县。

农业生产大力发展，极大地改善了百姓的生活状况。颜仁郁后又写了一首《赞农曲》：

村南村北春雷声，东家西家犁耕拼。
田里稻穗扶摇上，仓中五谷齐丰登。

诗中描写出一幅五谷丰登的太平盛世景象，当时人民在自己家园安心劳作、温饱无虞的事实是显而易见的。

二、 开拓海丝之路

闽国背山面海，山地丘陵占百分之九十以上，到处是起伏的山峦，交通闭塞，但闽江、晋江、九龙江直通大海，有得天独厚的发展海外贸易的条件。王审知积极发展海运，开辟海上丝绸之路，增强与海外诸国的经济和文化交流，被称为一个伟大的创举。

他专门设立商务与海外贸易机构——都榷货务，任重臣张睦为榷务使。张睦忠实执行王审知的商务政策，大胆改革，“尽去繁苛，纵其交易”，劝民从商，重视招徕外商，使得政府的商税收入大大增加。

他积极开辟海航线。北线经过温州、台州、明州（宁波），再北上抵山东半岛、辽东半岛一带，增辟闽与中原贸易交往新路线。东线到高丽（朝鲜半岛）、琉球，南线至占城（越南中部）、三佛齐（苏门答腊），通往阿拉伯。当时造船业兴盛，能制造长60多米、载几百人的远洋大船，福建的大宗物资陶瓷和铁器，还有茶叶、糖、绮罗、铜皮扇等大量通过海运出口，有力地充实了闽国的财政。

张睦画像

他注重建设港口，指派刘山甫开辟福州的外港甘棠港，历时六年。史记“招来海中蛮夷商贾，海上黄崎，波涛为阻，一夕风雨雷电震开，以为港。闽人以为审知德政所致，号为甘棠港。”甘棠港被描绘为借神灵而开劈的，说明建甘棠港工程的艰巨。

更值得一提的是泉州港的兴盛。由于王审知推行开放政策和王延彬的得力举措，泉州港成为对外贸易的主要海港，当时已有大批东南亚、阿拉伯地区商贾到此，官府还设立都蕃长司，管理外籍人员，后渚港码头、法石文兴码头、富美渡头已船舶云集，城南聚宝街等地货物堆积如山。到了宋元，泉州刺桐港成为“东方第一大港”，最初就得益于王氏政权重视海外贸易的策略。

三、　任贤治吏

唐末以来，政治极为腐败，大小官吏鱼肉百姓，生活腐化奢修。闽中人才奇缺，人散心离。为此，王审知坚持任能唯贤，纳贤招才，采取一系列人事措施，以巩固新政权。

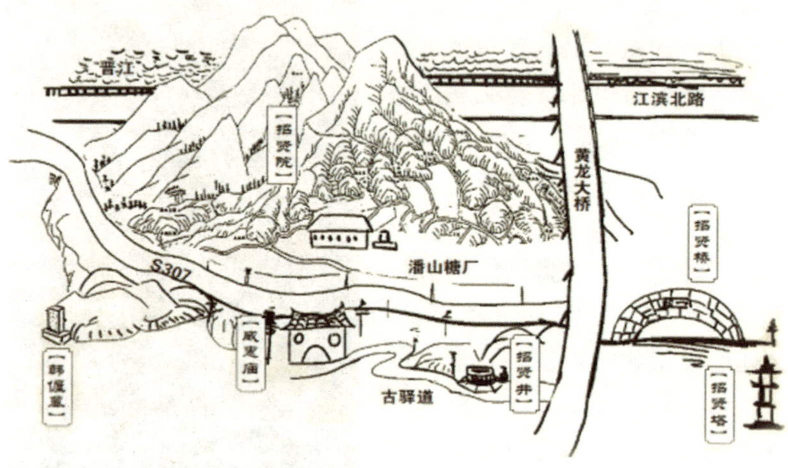

泉州拓贤院遗址（潘山村）

早在唐天复四年（904年），王审邽就命还在弱冠的王延彬协助黄滔在泉州西郊南安县唐安乡修文里（今泉州市鲤城北峰之招贤村）建招贤院，后来也在福州建立招贤院，接纳一大批中原流亡人士，或委重任，或当幕僚，或让执教。当时避乱入闽的有唐朝宰相王溥之子王倓、唐朝宰相杨涉的从弟杨沂、唐朝知名的进士徐寅（任掌书记），还有中原人士韩偓、杨承休、黄滔（任节度推官）、翁承赞（任相）、王倜、夏侯叔、郑磷、归传懿、杨赞图、郑戬等。唐进士及第、迁谏议大夫、翰林学士韩偓本来想去江西，却被王审邽、王延彬的一片诚心所感动，于是留居南安，他的《南安寓止》诗云：

此地三年偶寄家，枳篱茅屋共桑麻。
蝶矜翅暖徐窥草，蜂倚身轻凝看花。

天近函关屯瑞气，水侵吴甸浸晴霞。
岂知卜肆严夫子，潜指星机认海槎。

此诗写出了来自中原的文人名士在八闽大地安居乐业的感受，称“安莫安于闽越，诚莫诚于我公王审知之感”。

王审知重视争取当地民心，不拘一格，知人善用，聘任他们做闽国官员，发挥他们的才干。如仙游人郑良士任威武军节度使掌书记、常侍兼御史大夫，掌管文牍和军令；古田人李灊任官大录事；晋江人蔡俨为户部郎中；泉州人颜仁郁为归德场长；闽侯人贾郁任仙游主簿；浦城杨澄任县令；莆田的方延范任古田县令。闽王王审知对义存、师备、神晏等宗教界名流也很尊重。

义存禅师画像

他大力整肃吏治，选用了一批执法严明的官吏，如张庑弹劾百僚，甚有风采，贾郁“峭直不容人过，正身奉法，以风赇吏，吏多畏惮之”。当时的泉州刺史王彦复、王审邽、王延彬，建州刺史孟威、王延禀，汀州刺史钟全慕、钟翱、王延宗、王继业等，都得百姓好评。后人评价当时“民惟道化，吏以法绳，此可以称善为政矣”。

他注重戒奢从俭，并以身作则，平时常穿补丁衣服，穿麻鞋，府署简陋，亦不加修缮，“府舍未尝葺居”，“劳不坐乘，暑不张盖”。他的衣服破了，就拿酒库中的旧袋子来补，继续穿在身上。一次，有使者从南方回来，献给他一个玻璃瓶，王审知把玩许久，后把瓶子摔碎于地，说：“喜欢奇异之物，是奢侈之本，现在我摔了它，免得后代染上此坏毛病！”

四、 崇文兴教

王审知倡导文教，传播中原文明，兴办学堂，培养人才，收集遗书佛经，教化黎民，遂使“蛮荒”之区变成“海滨邹鲁”，史称“八闽文教之盛，为十国之冠”，堪称闽文化的奠基者。

王审知兴文重教，兴学治闽。他采纳了丞相翁承赞、御史黄滔的建议，在福州留晖门外开办最高学府（现福州文庙）传授“四门学”（经、史、哲、文）。于九仙山、于山北麓（现福师二附小鳌峰亭，一说在鳌峰山顶）设鳌峰书院，以“教闽中之秀者”，聘请知名人士黄滔、陈郯、吴勖等担任“四门博士，书院教授”，培养拔尖人才。泉州的王延彬在南安县云台山下建“凤凰院”，会文聚友、歌舞赋诗。王延彬诗作《春日寓感》，反映出当时一派歌舞升平的景象：

两衙前后讼堂清，软锦披袍拥鼻行。
雨后绿苔侵履迹，春深红杏锁莺声。
因携久酝松醪酒，自煮新抽竹笋羹。
也解为诗也为政，侬家何似谢宣城。

王审知重视教育普及，实现府有府学，县有县学，乡有私塾。他重视礼教，“聚书兴教，使民知礼义，从善如流”，使闽地成了“童蒙来求，雅道靡靡，儒风优优”的礼仪之邦。至宋代，闽省已成文风昌盛之地，才俊辈出之乡。《宋史》在儒林和道学中被立传的闽人居全国第一，两宋进士人数占全国的五分之一。

王审知推崇信仰宗教，发挥其扬善、消灾作用，统一人民思想意志，巩固闽国政权。他默许闽中民间的神灵崇拜，还对许多庙宇给予封赐，如封“武烈英护镇闽王庙”的汉代闽越王为“闽粤王”，封“善溪冲济广应灵显祐王庙”的闽粤王第三子为“弘润王”，封“惠安明应王庙”的神明为“服远昌运王”，博取当地居民的欢心。

王审知笃信佛教，大力提倡和扶植佛教，兴建和修复几百座寺庙。当时福建佛塔之多、寺院规模之大冠于南方各省，号称南方佛国。唐乾宁四年（897 年），王审知施舍名僧义存 50 万缗（缗为宋代钱币计量单位，1 缗即一串铜钱，为 1000 文）兴建雪峰山大殿及堂、室百余间。唐天祐二年（905 年）在福州九仙山、于山建造报恩多宝定光塔、白塔，在雪峰山兴修枯木庵，在鼓山建造涌泉寺及神晏法师居住修道之所，福州的五大寺——雪峰寺、开元寺、西禅寺、涌泉寺、安国寺在当时达到鼎盛。此外，他还在闽县建万山寺，在侯官建道清天王寺，在闽清建千福院，在怀安建太平寺……据记载，宋代福建有 1700 多座寺院悬挂王审知像，这也是王审知信仰产生和广泛传播的原因。

福州西禅寺

泉州的王审邽、王延彬也笃信佛教，重建开元寺，铸高五米多金铜佛像一尊，又铸两尊菩萨像，用去三万斤铜和三百两黄金。还建清果院、金地院、法云寺、招庆寺、教忠寺、福清寺、凤凰寺等五十八座寺院。

泉州承天寺

承天寺石柱刻有“唐王布施田千顷”字样

第二节　闽国内乱

王氏三龙入闽以后，福建开始大发展。可好景不长，公元 926 年王审知去世，后代宗室倾轧残杀，内乱不休，于公元 945 年被南唐攻灭。从 886 年（丙午年）王氏入泉州开始对福建统治，到 945 年（乙巳年）殷国被南唐所灭，刚好经过一甲子。因为丙午年和乙巳年皆为马年，因而在民间流传着王氏“骑马来，骑马去”的谶语。

闽国（909—945）传三世、六帝，历时三十七年。

年　号	庙号	名　字	在位年份
开平、乾化、贞明、龙德、同光	太祖	王审知	909—926
天成	嗣王	王延翰	926—927
天成、长兴、龙启、永和	太宗	王延钧（王鏻）	927—935
永和、通文	康宗	王继鹏（王昶）	935—939
永隆	景宗	王延曦	939—944
天德	福王	王延政	943—945

王审知死后，长子王延翰继位。后唐天成元年（926 年）九月，后唐政权正式任命他为威武军节度使。十月，王延翰趁中原混乱建立闽国，自称大闽国王，但仍奉后唐正朔。

建州刺史王延禀（王审知的养子）和泉州刺史王延钧向来与王延翰不和，两人相互勾结，于后唐天成元年（926 年）十二月，一起出兵攻打福州。王延禀乘船走建溪（今闽江）先到福州，在城下杀败了福州指挥使陈陶，强攻入城，斩王延翰于紫宸门。不久，王延钧也到了。王延禀因养子身份，逐奉王延钧为威

王延翰铜鎏金狮子炉（福建博物馆藏）

武军节度使留后。王延禀回建州前对王延钧说："兄弟千万不要学王延翰，不然到时我还要麻烦来福州一趟。"于是两人埋下仇恨。后唐长兴二年（931 年）四月，王延禀不甘成果让给王延钧，留次子王继升守建州，自己和长子王继雄率军攻福州。王延钧让侄子王仁达率军迎战王继雄，王仁达使诈降计杀了王继雄，拿住王延禀，王继升避难吴越。一个月后，王延钧下令杀掉王延禀，改由王延政主政建州。

后唐长兴四年（933 年）正月，王延钧自称大闽皇帝，改元龙启，改名王鏻，同时还将福州改称为长乐府。王鏻是个虔诚的道教徒，听信于陈守元、徐彦等一帮道士。他还让薛文杰当国计使，专门帮他捞钱，并设计陷害了内枢密使吴英。建州土霸吴光被薛文杰抢夺后逃到吴国避难，唆动吴国信州（今江西上饶）刺史蒋延徽出兵攻建州。王鏻派骠骑大将军王延宗去救建州，这时军中出现哗动，吴英带出来的将士聚众大呼："薛文杰不死，我等死不前进一步！"太子王继鹏捕拿薛文杰送到军中，将士们碎剐了薛文杰。王延宗引兵去救建州，蒋延徽无奈之下只好收手退兵。

闽永和元年（935 年）十月，王继鹏联合福州皇城使李倣杀了王鏻，随后继位，改元通文，王继鹏改名王昶。

王昶杀父即位之后，更是荒淫无耻，大力收刮民财。通文元

年（935 年）十一月，李倣上殿议事，被当庭立斩。叔王延武、王延望及其子五人也被诛杀。

王昶让先王的国师陈守元道人做宰相，花费亿万让陈守元在宫中造三清殿，天天烧炉炼丹，一片乌烟瘴气。王鏻在位时，曾经成立过两支贴身禁军，一支拱宸都，一支控鹤都。王昶嗣立后，觉得二都不好控制，又成立了一支两千多人的宸卫都，做自己的亲身侍卫，还准备将二都禁军发配到泉州和漳州。二都指挥使朱文进、连重遇密谋作乱。通文五年（939 年）七月，连重遇带着二都士兵纵火长春宫，迎立王延羲。叛军闯进内殿，宸卫都力敌不过，王昶带着李春燕及几个少爷开门北逃，跑到半路，在梧桐岭被堂兄弟王继业率兵追上杀死。

王延羲废除帝号，而改称闽国王，向晋朝称臣，不过国中还是帝国建制，改通文五年（939 年）为永隆元年。王延羲也同样暴虐无道，嗜酒如命。建州刺史王延政常写信劝哥哥，王延羲不但不听，反而派心腹业翘去建州做监军，派杜汉崇监南镇军。王延政干脆起兵造反，出建州兵攻占南镇。闽永隆二年（940 年）二月，王延羲发精锐兵四万，由统军使潘师逵、吴行真率领，直扑建州。王延政一面向吴越求援，一方面组织迎战，他们夜间偷袭，福州军大败。后吴越将领仰仁诠领“救兵”到了，却已经用不着了，但他们却赖着不走。王延政只好又回头求王延羲帮助。王延羲派王继业去救建州，福州军抄到了吴越军的身后，烧了吴越军粮草。王延政趁机强攻吴越军营，仰仁诠狼狈败退。

永隆三年（941 年）十月，王延羲在福州称帝。943 年二月，王延政在建州称帝，国号大殷，改元天德。王延羲在福州以牛饮杀人为乐，使得朱文进和连重遇一直忐忑不安，后起了杀心。闽永隆六年（944 年）三月，朱文进、连重遇派心腹钱达趁王延羲郊游喝醉之际，杀掉王延羲。朱文进自称大闽王，连重遇总督六军。朱文进废除帝制，并向晋朝称臣，为了除掉后患，又将福州城中的王氏直系斩杀干净。晋开运元年（944年）十月，王延政发兵南下，屯兵古田。泉州指挥使留从效斩朱文进任命的刺史黄绍颇，奉王审邽的孙子王继勋为泉州刺史，在漳州斩杀程文炜，奉王延政留在漳州的长子王继成为刺史。朱文进大势已去，福州将军林仁翰早就看不上朱、连二人，深夜率三十个猛将闯入连府，杀死了连重遇，又率军突入宫中，朱文进被林仁翰一槊刺死。此时，南唐军趁闽国内乱时压境，王延政暂时不敢去福州，派侄子王继昌守福州。

王延政画像

南唐军出崇安岭（今福建崇安），疾行南进，兵屯赤岭下。王延政的建州军杨思恭部、陈望部扎营建阳溪南岸，两军对峙。被朱文进罢黜的福清闽从指挥使李仁达和著作郎陈继珣劝说王继昌的副将黄仁讽杀了王继昌。后路被抄了，王延政为了活命，只能背水一战。此时四面围城，王延政遂降于南唐，大殷国灭亡。开运二年（945年）十月，唐军“护送”王延政至金陵，李璟赏给王延政一个羽林大将军的虚职，终老于金陵。

闽国灭亡后，南唐得建、汀二州，又新置剑州；公元945年，掌握泉州兵权的留从效取代名义上的泉州刺史王继勋，代领军府事。南唐授命留从效，吴越增援李仁达，两国四方展开争夺福州的战争，后留从效从战争中抽身，吴越国取得福州。留从效

乘机驱逐了南唐在泉州、漳州的军队将领，实际控制泉、漳两地政权，其后继者陈洪进继续统治，直至北宋统一，使泉漳得到长期安定。

第三章 王审知的历史遗迹

岁月留痕。福建至今还保留着许多一千多年前王审知及亲属部将战斗、开发、生活的痕迹，主要在福州、泉州。这些遗迹，讲述着当年闽国的那段辛酸和光耀，是福建的文化瑰宝。

一、 固始故居遗址

王审知河南固始的故居在哪儿，史料上没有记载。据后人考究，应为县东泉河之北的建安乡第一都临泉村王家寨（现分水亭乡王堂村）。故居由唐固始县令王晔（王审知五代祖）建立，后王氏兄弟入闽后遗弃。一百多年后，王彦英孙王彬迁回固始，复居此处。原主体建筑毁于元代，但直至清代末年仍存有一定规模的建筑群。清嘉庆十八年（1813 年）《资政公重修五家桥碑记》载：“吾高祖讳敏，旧居河西，名王家寨，遗址尚存。河之东即丘墓之所。”

王审知故居

道光二十二年（1842 年）《黄岩公重修王家堂碑记》载：“距城五十里之东乡，吾先人所建，招僧以奉香为者，庙外为泉河故道。”现所有的建筑已沦为废墟，成为遗址。

王家寨，在固始县城东古道五十里许，背面安阳山，古阳泉河绕东流，风景十分优美，其西四华里（1 华里＝500 米）处有古代东乡繁华集市蟠龙集。故居遗址占地 6000 平方米，四面环水，里面随处可见唐至清代的砖、石、瓦砾，此寨旧有楼、厅、屋及地下密室，有竹园、水围，古井三口，是典型古代士族村居，现房屋已成残垣断壁，有四五家住户。

二、 同安北辰山（广利庙、 衣冠冢、 拜剑台）

北辰山俗称北山岩，是王氏兄弟“竹林兵变”夺权开闽的肇始地。当时属于南安县管辖，今位于厦门市同安区五显镇境内。北辰山是厦门二十名景之一，景区以十二龙潭瀑布为主要特色，有八仙、神农氏、七仙女的传说以及同安历代名人轶事。朱熹在同安任主簿时曾题写“仙苑”二字，并留下了《与诸同僚约奠北山》诗作：

联车陟修坂，览物穷山川。
疏林汎朝景，翠岭含云烟。
祠殿何沈邃，古木郁苍然。
明灵自安宅，牲酒告恭虔。
肸蚃理潜通，神虬亦蜿蜒。
既欣岁序举，重喜景物妍。
解带憩精庐，尊酌且留连。
纵谈遗名迹，烦虑绝拘牵。
迅晷谅难留，归轸忽已骞。
苍苍暮色起，反旆东城阡。

宋太祖赵匡胤为表闽王恩泽百姓之功，赐王审知为“八闽人祖”“忠惠王”；百姓为纪念王审知，特在北辰山建“闽王衣冠冢”和“忠惠尊王庙”，即现在的“广利庙”，当地俗称“王公庙”。这座千年庙宇代有兴废，但香火一直旺盛。清雍正元年(1723 年)，忠惠尊王庙前殿和中殿重建，清咸丰己未年（1859年）再次重建，后在“文革”中遭到破坏，1982 年复建。现庙三开间，前后两进，庙门上挂有“开闽第一”的横匾，有清代立柱、功德碑等文物。1994 年后，修建北辰山山门、广场、王审知塑像（15 米高)、拜剑台、闽王馆。

闽王衣冠冢

王审知妻伍氏墓

广利庙老庙

三、泉州开元寺（东西塔、佛顶尊胜陀罗尼经幢）

泉州开元寺坐落在繁华的鲤城区西街，规模宏大，构筑壮观，景色优美，曾与洛阳白马寺、杭州灵隐寺、北京广济寺齐名。泉州开元寺初名“莲花寺”，后改为“兴教寺”“龙兴寺”。唐开元二十六年（738年）唐玄宗李隆基下令全国各州建一座开元寺，遂改现名。

王审知崇佛，他先后舍钱百万缗造大殿等建筑，并将黄金和白银（共计一万两）研细为泥，请泉州开元寺义英法师写了金银《大藏经》各一部（现保存有残页）。唐天祐三年（906年），王审知又用三万斤铜和三百两黄金铸金铜佛像（高一丈六）和两尊菩萨像，另外还用金字缮写四藏经送入开元寺。

泉州开元寺宝箧印陀罗尼经塔

泉州开元寺西塔

《泉州开元寺佛殿碑铭》记载，唐末开元寺曾“一夕飞烬”，乾宁四年（897年），泉州刺史王审邽重建寺院并保留了以前的规制。王审知缮经三千卷，举办隆重仪式送入重修后的揭经楼。其后泉州历任主政王延彬、王继崇、王继勋、留从效等大修功德，大兴土木，陆续在开元寺建造清吟院、清凉舍、浴室院、千佛院、清隐院、六祖东院等，使开元寺成为南国名寺。

后梁贞明二年（916 年），王审知建七级木塔，名无量寿塔（即开元寺西塔）。南宋宝庆三年（1227 年）西塔被火焚毁，旋建砖塔。绍定元年至嘉禧元年（1228—1237）改建为五级石塔，赐名仁寿。

南唐保大四年（946 年），王继勋为泉州刺史时，为祈保平安，在开元寺拜埕左首立佛顶尊胜陀罗尼经幢，此经幢非常珍贵，但早已不存。1983 年强台风刮断开元寺拜埕左侧大榕树，压坍宋柳三娘捐建之宝箧印陀罗尼经塔。清理时，从塔腹中出土的幢塔残件、经石功德经文，有助于了解“开闽三王”史事。

四、 泉州开闽三王祠

泉州开闽三王祠

开闽三王祠位于泉州市中心南俊巷承天寺（时名“南禅寺”）的西侧，僧人仰德于承天寺法堂之东建祠祀奉，称“檀樾王公祠”，属于寺院之庙产。

现祠堂于 1999 年按原式样重建，占地面积 900 余平方米。主祠三开间为上下落两进，中有天井及两庑。附属建筑有垂花埕围大门、画廊、上下护厝及花厅等。主祠外石埕西侧画廊，嵌有

青石影雕“五代闽国三王史画”12幅。石埕东侧有门通承天寺法堂，门额横刻“檀樾王公祠”。厅堂中央供奉王潮、王审邽、王审知雕像，祠厅前梁悬挂前新加坡总理王鼎昌题赠“开闽第一”匾额，后梁悬挂宋代米芾手迹“一本三宗”匾额。

五、 惠安王潮墓庵（王潮故宅）

王潮故宅位于惠安县盘龙山下，后人将他葬于此山，故居改为寂光寺，并在寺（院）前置田3000余石（古代计量单位，10斗为1石）以赡僧众，拨300石用于修理坟墓及寺宇，供春秋祭扫等。

王潮墓

王潮墓位于盘龙村西北800米处的旗山东麓，依山为陵，“干”字形石构地宫，在闽南一带极为罕见。墓室正前方的石碑上红字篆刻着“唐封广武王王潮公陵”字样。陵园的拜亭、石兽、望柱、文武翁仲和高大的石碑坊是新造的。山门及前门分别刻有对联“跨海筑桥不尽黎民歌惠政，挥毫飞龙何曾勋业掩文章”，“忠国兴邦三谏有诗誉扬端明殿，惠民利涉万安无险功业洛阳桥”。王潮墓为省级文物保护单位。

六、 惠安王审邽墓

王审邽墓位于泉州市区东郊凤山（也称“皇绩山”）之麓。在《泉州府志》卷之三十七“古迹”部分有记载：惠安县有“节度使王审邽墓，在城东凤山，徐寅撰神道碑”。该墓坐北朝南，占地面积2728平方米，环砌灰砖，上部封土。王审邽墓是保存比较完好的唐代马鞍形砖石结构的大型墓葬，墓碑书“唐武肃王王公审邽墓”，竖立有进士修职郎秘书省徐寅撰写的《武肃王神道碑铭并序》，对研究唐末、五代社会经济文化以及墓葬规制等都有很高的价值。王审邽墓为省级文物保护单位。

王审邽墓

七、 南安王延彬墓

王延彬墓散落的构件

王延彬墓在泉州南安市霞美镇铺当村云台山。王延彬任泉州刺史时倡建的寺庙多达二十余所，著名的有承天寺、崇福寺、资寿寺（清初改为城隍庙）、福清寺（为朝鲜僧人玄讷建）。他曾在云台山上筑建会所，招名士来此赋诗作乐。据载，别墅“广阔活壤，一望无际，置十里梅村”，建“万梅亭”，“围山筑塘，引泉为池”。王延彬死后，妻子在墓边筑云台寺守候，死后也葬于此。2014 年，此处发现大量石羊、石将军等墓构件和建筑遗址。

八、 南安雪峰寺

南安雪峰寺

南安雪峰寺，俗称小雪峰，位于南安康美镇杨梅山麓，王审知为大施主（檀樾主）。杨梅山脉来自蓬华天柱峰，山峰直刺云霄，“上有慧泉，清澈异常，依泉为寺，备极幽敞”。朱熹书法楹联称其“地位清高，日月每从肩上过；门庭开阔，江山常在掌中看”。山下涧埕村出了一位著名高僧义存禅师，唐僖宗赐号“真觉大师”，王审知聘其为国师，为闽侯雪峰寺（俗名大雪峰）开山始祖，故其南安故乡的庙也称雪峰寺。

九、 泉州子城四门鼓楼

泉州泉山门

泉州子城在罗城内，相传唐天祐三年（906 年）由节度使王审知筑，周围 7.5 里（1 里合 500 米；旧志误作三里六十步），有四个城门，东称行春、西称肃清、南称崇阳、北称泉山。四门上均有鼓楼。崇阳门上有崇阳楼，后人在此祀祭王潮。后四城门皆废。二十世纪，泉州重修泉山门，恢复了历史原貌，使古迹重光。

十、泉州永隆通宝铸钱遗址

永隆通宝铸地纪碑

后晋天福七年（闽永隆四年，942年），王审知子王延曦执政时年号永隆。王延曦在泉州铸“永隆通宝”大铁钱和大铅钱。1974年在泉州南俊巷承天寺山门内和三中体育场发现铸钱遗址。2002年春，省文管会经国家文物局批准挖掘出土一批“永隆通宝”钱范。

十一、福州闽王祠（王审知故居）

闽王祠

福州闽王祠，即忠懿闽王祠、闽王庙，位于福州市庆城路。闽王祠本是王审知故居，后晋开运三年（946年）奉旨改庙祀典。宋开宝七年（974年）吴越刺史钱昱奉钱俶命重修府第为忠懿闽王庙。北宋开宝九年（976年）重修，元代庙毁。明万历二

十九年（1601年），裔孙王一腾请于抚按重建，改称闽王祠。现建筑主体为明代、清代及民国多次重修而成。祠前东西侧曾有牌楼式跨街宫墙（俗称东西辕门），祠为红墙青瓦，坐北朝南，有三门，中门前一对石狮，旁有抱鼓石。大门上一碑："奉旨祀典"，碑下一额："忠懿闽王祠"，左右二仪门。大殿木构，面阔三间，进深二间，前面为长廊，后面为殿堂，有匾额"功垂闽峤"，中供闽王塑像。祠内保存唐碑一块、宋碑一块、明碑两块。殿西尚存董太后享堂一处，面阔三间，进深五柱。另拜剑台古迹和前面宫墙均毁于"文革"中。1961年5月，闽王祠被列为第一批省级文物保护单位。

十二、福州闽王王审知墓

白马向无前，八闽骏业腾骧若是；
青山殊有幸，一代贤主安息于斯。

这是位于福州市晋安区新店镇斗顶村斗顶山（现名莲花山）王审知安息之地——"唐闽忠懿王陵"牌坊石柱上刻的挽联。王审知后唐同光三年（925年）卒，葬于福州城北凤池山。后唐长兴三年（932年），其子王延钧称帝，迷信风水之说，将其移葬莲花峰下。陵墓面对五虎，闽江横亘，旗鼓对列，气势宏伟。原墓前建有殿堂、牌坊以及护墓

王审知墓牌坊

的莲花、永兴两寺院，闽亡后逐渐荒废。明宣德四年（1429年），墓遭屯军盗掘。现存外观布局分为墓道、墓庭、墓坟三部分，墓道两旁列置石翁仲文吏、武将各一对，石虎、石马、石羊各一对。墓庭依山坡辟成墓埕三层，中设踏步。墓坟为一半圆形平台，两座长方形砖挡分列左右，各长 11.1 米，高 2.8 米。墓后坡顶竖“唐闽忠懿王墓”碑一座，系明万历三十年（1602 年）其裔孙王亮所重立。1981 年重修，发现挡下为石构券顶墓室，并进行发掘清理。左室为王审知葬处，右室为夫人任氏葬处，分别出土王审知墓志一合（合，犹整个），任氏墓志铭碑一通，均系翁承赞撰。墓内还清出劫余的瓷、玻璃、铁制残器残片。1961年被列为第一批省级文物保护单位。

王审知墓

十三、 福州三坊七巷

唐天复年间（901—904），王审知扩建福州城墙，在子城之外筑大规模的新城——罗城，周围长 40 里。筑有大门、便门和水门，并挖护城河，建有通津门桥、去思桥等。罗城建成后，城里住户大为增加，王公贵族、官吏和老百姓聚居其中，民居建于大街两旁，并分段形成相对独立区域，称为“坊”。现三坊七巷即当年罗城遗留下的中心地带居民区，集中体现了闽古城的居住

特点和建筑特色。

福州三坊七巷

十四、 福州西湖

福州西湖公园

福州西湖公园是福州保留最完整的一座古典园林，被人称为“福建园林明珠”。西湖至今有1700多年的历史，晋太康三年（282年），郡守严高筑子城时凿西湖，引西北诸山之水注此，以灌溉农田，因其地在晋代城垣之西，故称西湖。五代时，王审知修筑罗城及南北夹城，在湖旁取土将西湖与南湖连接。他多次修浚扩建西湖，灌溉闽县、侯官两县民田，使西湖湖面扩展至0.2平方千米。其子延钧称帝后，在湖滨辟池建水晶宫（在今水关闸附近），造亭、台、楼、榭，又在王府与西湖之间挖设一条复道，便于携后宫游西湖，西湖成了闽王朝的御花园。

十五、福州于山白塔和乌山乌塔

“三山鼎立，两塔对峙”是福州的标志。于山、乌山与屏山如古鼎之三足屹立于福州市区中心，因此福州别称“三山”，而“两塔”（白塔、乌塔）则与王审知有关。

明信片上的白塔、乌塔

白塔，原名报恩定光多宝塔，系王审知为双亲报恩而建，位于山上万岁寺后。“万岁寺”原名白塔寺，即定光塔寺，位于于山西麓，初建于唐天佑二年（905年），后改名为“万岁寺”，五代时为福州名寺之一，明嘉靖年间主要殿宇多毁于倭患，现存建筑是在道光至光绪年间重建的。1991年白塔被公布为省级文物保护单位。

乌塔位于乌山上，系王延曦为祈福在无垢净光塔旧址上兴

建。无垢净光塔为唐贞元十五年（799 年）福建观察使柳冕为唐德宗皇帝祝寿祈福而建，唐乾符六年（879 年）塔毁，现存“贞元无垢净光塔碑铭”位于乌塔西南侧。乌塔是研究五代历史及宗教雕刻艺术的珍贵文物，1961 年被公布为省级文物保护单位。

十六、 福州鼓山涌泉寺

涌泉寺位于福州市东郊鼓山山腰，面貌庄严、规模宏伟、工艺精巧、殿宇辉煌，素有“闽刹之冠”称誉，是全国重点寺庙之一。涌泉寺始建于建中四年（783 年）。相传该地原系深潭，内有毒龙，为害居民。郡从事裴胄请灵峤法师制伏，师于潭畔诵华严经，龙遂离去。众深感师之德，就潭址建寺，迎师住锡，帝敕赐“华严”之匾额，称为华严寺。唐武宗灭佛时，华严寺被毁。五代后梁开平二年（908 年），王审知在唐代华严寺的废墟上重建寺庙，赐名“国师馆”，并迎请国师神晏法师来住持。现寺内“更衣亭”为王审知发愿建造涌泉寺时更衣的地方，亭柱上有联“开门曾仰前王节，入寺还更此地衣”。另法堂后有神晏国师墓塔，传神晏去世后，初葬于桐口沙溪，后来王延曦将其移葬于涌泉寺并为其建了此塔。915 年，改名为鼓山白云峰涌泉禅院，聚徒千百，称盛一时。宋朝时，宋真宗赐额“涌泉禅院”。1407 年改称涌泉寺。明代该寺曾两次毁于火灾，相继修复、扩建，形成今天的规模。公元 1699 年，康熙颁赐的御书“涌泉寺”泥金匾额，至今仍高悬于天王殿寺门之上。

涌泉寺

鼓山涌泉寺为省级文物保护单位。

十七、闽侯雪峰寺（义存祖师塔、大湖枯木庵）

祖塔卵开花，泉可应潮云似海；
禅庭桎扫地，池能蘸月树藏碑。

这是位于闽侯县大湖乡雪峰山南麓的雪峰寺寺门对联，很好地概括了其历史和特色。雪峰寺是佛教禅宗五家宗派中云门宗、法眼宗的发源地。雪峰寺始建于唐咸通十一年（870 年），唐乾符二年（875 年）建成，赐名“应天雪峰禅院”，有“南方第一刹”之称。唐乾宁元年至四年（894—897），王审知捐资在陈洋

义存祖师塔

（今址）建造法堂，寺宇遍布山麓。寺前现存有四株古树，大的两株分别为王审知和开山祖师义存所植，至今已逾千载，为雪峰寺的镇寺之宝。北宋太平兴国三年（978 年）赐名“雪峰崇圣禅寺”，后屡经兴废，现存的庙宇多为清光绪年间修复后的建筑。

义存祖师塔，为义存祖师临终前一年自画塔样，王审知特遣使者到江西瑞迹山选取石材为其建造。塔下地宫内有铭与序，计 225 字，系义存生前自撰、王审知署名的刻石。

大湖枯木庵，位于雪峰寺东南方约 200 米处，为王审知于唐天祐二年（905 年）所建，是义存初入山时的栖身之处，庵内一株枯木树龄已 3000 多年。1985 年，枯木庵被列为省级文物保护单位。

枯木庵古树

十八、 福州泰山庙

福州泰山庙

福州泰山庙，俗称东岳庙，坐落在福州东门外（晋安区岳峰镇岳前），系王审知所建东华宫之泰山庙。宋大中祥符年间扩建，明万历二年（1574 年）重修，清代复加修葺。其东有元妙观，即闽东华宫所在地址。宋祥符年间称天庆观，元贞年间改今名。西边有能仁寺，明万历间建，即东岳岭。庙今保留有血池殿、娘娘宫等，为市级文物保护单位。

十九、 福州鳌峰书院

鳌峰书院

鳌峰书院，后梁龙德元年（921 年）创办，位于于山北麓留晖门外（现福州格致中学和福师二附小内鳌峰亭处）。当时，王审知开办最高学府讲授“四门学”（经、史、哲学、文学），委派周启文为管城丞，聘进士吴勖为书院教授。鳌峰书院招收平民子弟，是当时教育越出门阀推广到民间的见证。

二十、 福州五代古桥

迴龙桥，福州现存历史最早的石桥，位于福州市马尾亭江镇闽安镇村邢港出口处。公元 901 年动工，唐天祐元年（904 年）建成，南宋郑性之重修，改名为“飞盖桥”。清康熙年间再修时

迴龙桥

津门桥

又改名为“沈公桥”。清嘉庆、道光年间及民国时期又多次重修，1991年被列为省级文物保护单位。

津门桥，位于津门路。本名“兼济桥”或“肩济门桥”，王审知筑罗城时所建。北宋咸平年间（998—1003），郡守陈众舆重建，当时“兼济门”已改为“通津门”，逐称“津门桥”。石构拱桥保存在今津门桥东侧路下，原桥石拱券、桥面石均保存完整。

澳门桥，位于光禄坊东口，澳门路与南后街之间，是五代时罗城清远外桥，俗名鸭门桥。这里原是五代时罗城大壕。重修将桥原构保存在新扩建桥下，现在拱券、桥石都还保留着一些旧样。

金斗桥，位于文儒坊西段的尽头，东西向横跨在安泰河上，原为罗城金斗门桥，重建于清嘉庆二十三年（1818 年），重修于 1986 年，仍完好如初。

馆驿桥，位于衣锦坊西口，旧名车驽桥，俗称驿前桥，五代原为木梁小桥，明成化十四年（1478 年）用石复建。道光十八年（1838 年）春重建。

板桥，位于光禄坊南侧，俗名老佛亭桥。五代跨于罗城大壕上，原系木桥，建有亭，后改为石建。

澳门桥

金斗桥

馆驿桥

板桥

二十一、甘棠港

甘棠港是王审知为了让闽国发展海上交通与对外贸易而开辟的一个著名海港，位于闽江口的外港。当时闽江水道因黄崎山阻隔，横石峰峭，常为舟楫之患。唐乾宁五年（898 年），王审知不惜投入大量人力物力，凿石拓湾，疏浚淤泥，为期六年。唐天祐元年（904 年），唐昭宗赐名“甘棠港”。传说王审知梦见金甲神，许诺帮助他开凿港口，遂派判官刘山甫前往祭祀。第三次祭祀时，风雨暴兴，神灵显像。三天后，风雨皆息，甘棠港已经筑成。当时甘棠港不仅有着繁盛的海内贸易，而且与海外新罗（今朝鲜半岛）、占城（今越南中部）等国家和地区有贸易往来，是重要的国际商贸大港。

二十二、徐氏墓（罗兜祠）

徐氏墓位于永安市青水乡龙吴村村光坑。光启二年（886 年）正月，王氏兄弟征讨沙县二十七都到积谷寮十八盂三百个寮中的蝙蝠洞（今青水丰田村三百寮），途经尤溪四十一都大田东坂昆岗境内（今青水乡龙吴村光坑），其母徐氏因长途跋涉不幸病逝，他们就地在龙吴光坑选中清坑的一座月形山丘上立坟，按

徐氏墓

罗兜祠

唐制风格建墓安葬，并留下一批亲兵守陵，建造上官厅下官厅、兵坪、马道、练兵广场等军事训练设施。后王审知第四子王延政的后代来此居住，并建祭祀“闽王”王审知的祠堂，取地名“罗兜祠”。20 世纪 30 年代，罗兜祠被尤溪军阀卢兴帮军队烧毁，1981 年重建。

第四章　王审知信俗体系的形成与传播

王审知信俗是一个独立而且独特的神灵体系，即以王审知为核心，以兄弟王潮、王审邽，其母徐氏，其子侄王延政、王延彬等为辅助，以程赟、张睦、林硕德、张悃等将佐为拱卫的神系。它产生于五代，影响至今。该信俗源于中原，形成于福建，流传于海内外，成为福建民系中重要的民间信俗。

明初三王画像（左起王审邽、王潮、王审知）

第一节 演变过程

王审知从一个农民起义军的子弟成为万民敬仰的开闽王，从凡夫俗子成为受到祭祀的伟大神祇“忠懿王公”，这个演变过程既现实，又充满神奇。

一、 造就信仰基础（从王氏三龙到王审知主政期）

得民心者得天下。封建统治者除了依赖经济手段来转变民心外，还得利用宗教来巩固政治，从而获得长治之安。“君权神授”是他们上台都必须使用的策略，这种利用宗教使统治合理化的过程，也使统治者自身逐渐神化。

出于政治需要，出于礼仪，出于敬畏，在王审知执政时和去世后，官方和民众都有意无意地神化王审知。在其固始老家，王潮、王审邽、王审知当时因卓尔不群，被称为“王家三龙”。特别是王审知，“禀性殊异，非礼不言”。相士曾预言：王氏三龙“富贵皆当一体也。而季龙当位极人臣，非乡里可拘其贵盛。然而龙摅虎变，真王者之行藏；燕颔虬须，乃将军之气貌”。相传曾有僧人涅槃在众人中吃惊地指着王审知说：“金轮王第三子降人间，专生杀柄。”

传说入闽途中，王潮带领先头部队入洪州（现南昌）地界时，洪州节度使钟传想趁其立足未稳之机一举消灭，正调兵遣将、排兵布阵之时，当地上蓝院方丈进见，说：“王氏兄弟与福建有缘分，如果与他们为敌，恐怕自己的福分也不保。”于是钟传便热情接待，礼送出境，双方相安无事，皆大欢喜。

王氏兄弟发动竹林兵变，取得入闽军队的统治地位，同样通过神化自身使夺权合法化。史书上记载了当时推举领导人的情景：当时军中无主，众人推举王潮为主，王潮推辞。众人于是刑

牲歃血为盟，将一把宝剑插在地上，约定谁拜宝剑时剑能动，谁就为将军。到王潮拜时，宝剑跃于地，所有人以为神奇，即拜王潮为主帅。在后面的记载中又变成了是到王审知拜时，“三拜三升”，王审知坚持立兄为主帅，自己为副。这些不同版本说法，就是不同时期为满足神化统治者的需要而建构的。

在王审知进攻福州时，烂柯道士徐元景在仙坛取土得到七口瓷瓶，里面有两首谶诗，语为：

树枯不用伐，坛坏不须结；
不满一千年，自有系孙列。

又有：

后来是三王，潮水荡祸殃。
岩逢二乍间，未免有销亡。
子孙依吾道，代代封闽疆。

说是王氏远祖王霸，居福州怡山为道士，预知子孙会来这里为王，预言王潮会取代陈岩，所以作谶语埋在坛下。到了王审知继位后，当时闽地流传歌谣：

潮水来，岩头没；
潮水去，矢口出。

暗示王潮代替陈岩，而王审知代替王潮主政福建，为夺权统治披上神秘外衣。

入福州后，王审知也有意地神化自己。当时闽地“白马王”

信众很广，传说白马王是汉闽越王郢之三子驺寅，他在鳝溪射死为害百姓的鳝精，并因此献身，人们立庙祭祀。因王审知长躯紫面，常骑白马作战，人们也称他为“白马三郎”。王审知有意树立“白马三郎”形象，一方面为在大哥面前摆正自己的位置，一方面利用白马王的神力提高自己的地位。王审知接位后，民间开始树立“白马将军大王公”崇拜，后世也将王审知称为“白马王”，以致许多人对两位“白马王”产生混淆。

王审知在位期间，先是奏表敕封了“闽粤王”（无诸）、“白马王”（闽粤王第三子）、“显应王”（宁远将军）等等，拉近自己和闽越土著居民的距离，后来又逐渐神化自己来代替本土信仰。这个时期，福建地区广泛流传斩蛇、收服蛇怪的传说故事。如道士陈靖姑能铲除妖魔、收服精怪，后来成为闽江流域最重要的保护神，突出反映当时王审知以中原文化代替本地文化的事实。王审知还用佛教化民，引导信俗改变，营造宗教环境。宋代理学家黄榦说：“王氏入闽，崇奉释氏尤甚，故闽中龛庙之盛甲于天

福州白马河公园白马三郎塑像

恩赐琅琊郡王德政碑

下。”当时民众信佛达到狂热的地步，以至于“檀信及门而膝地，童叟遍城而掌胶”。唐天祐三年（906 年），唐代最后的皇帝哀帝李柷应闽地官民的要求，敕建“恩赐琅琊王德政碑”（俗称闽王德政碑）。礼部侍郎于兢撰碑文，弘文馆王绸书，记述王审知家世及其治闽前期的军事、政治、经济和对外贸易等功绩情况。后梁开平三年（909 年）封其为“闽王”，为王审知崇拜奠定了基础。

二、 信仰形成发展（从王审知去世到北宋时期）

王审知信俗的形成，经历官民同祀、民间私祀，再到公开官祀和民祀，最后走向完全民祀的过程。

后唐同光三年（925 年）十二月，王审知病故，终年六十四岁。当时，“远近新旧大小官吏皆奔丧至，家家缟素，处处哀号”，“内外悲哀，如丧考妣”，“连营比屋以皆号，牧竖樵童而出涕”，“出殡日，送葬之人涌海涌山，纸钱香幡插遍山野”。民众崇敬和感恩他治闽业绩斐然，政声卓越，开始将他当作神明祭祀。后来其子称帝，谥王审知为“忠懿”，追谥为“邵武孝皇帝”，庙号太祖。

“功垂闽峤”牌匾

重修忠懿闽王祠碑铭

“八闽人祖”牌匾（三明）

闽灭亡后，王氏集团和家族流落各地，但百姓始终感念其治闽功绩，对王审知的祭祀也随之在各地转为私祀。后晋三年（946 年），吴越王钱镠感慨于“闽州所归，本由王氏而盛，虽子孙异代，已同薰焫之香，而春秋二时，宜陈笾豆之礼”，将王审知故居改为祠庙。宋太祖赵匡胤得天下，敬仰王审知的德政，遂于北宋开宝七年（974 年）下诏重修忠懿王祠，并御笔亲题“八闽人祖”庙额，在闽王祠内立《恩赐琅琊王德政碑》和《重修忠懿闽王祠碑铭》，并立有“奉旨祀典”“功垂闽峤”等碑额。宋代，无论是官修史书如《旧五代史》《资治通鉴》或私家修史如《新五代史》，都对他评价甚好，追奉为“开闽第一”。此后，闽人怀念王审知恩德，尊称他为“闽王”“护国尊王”“白马王”“忠懿王”，并建筑大批祭祀宫庙，如“闽王祠”“闽王庙”“王公宫”“王公楼”“忠懿庙”“护国尊王庙”等，民众视之为神，每逢祭日，宫庙人山人海，络绎不绝。

除王审知外，王氏兄弟及子孙、部将中对人民有功者也被奉为神明，成为王审知信俗体系的一部分。王潮去世后，福建的民众十分想念，泉州民众在泉州城上的崇阳楼塑像祭祀，福州也建庙奉祀，称为“水西大王”。明曾任刑部尚书的泉州人苏茂相写下了《登崇阳楼谈刺史王潮遗事》：

鼙鼓中原沸似波，将军闽峤远横戈。
匡扶无望唐襄武，保障差强汉尉陀。
事定千年无战伐，时清万户有弦歌。
英雄遗迹依稀记，暮倚高楼一啸过。

泉州唐子城崇阳门遗址

晋江留从效庙

福州北庙（崇顺王刘行全庙）

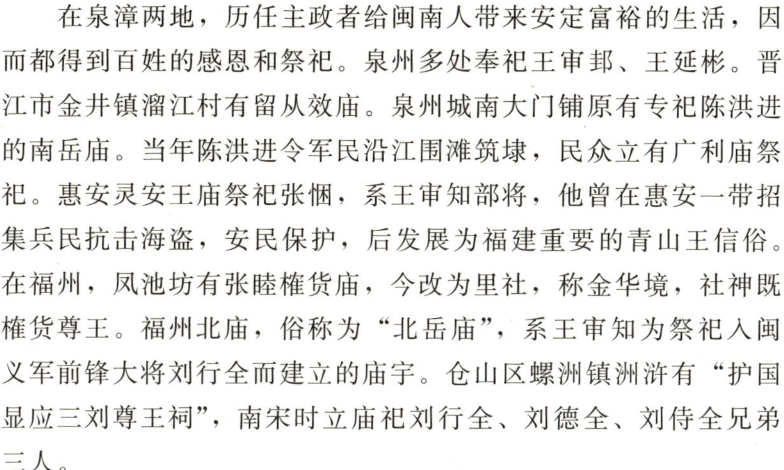

在泉漳两地，历任主政者给闽南人带来安定富裕的生活，因而都得到百姓的感恩和祭祀。泉州多处奉祀王审邽、王延彬。晋江市金井镇溜江村有留从效庙。泉州城南大门铺原有专祀陈洪进的南岳庙。当年陈洪进令军民沿江围滩筑埭，民众立有广利庙祭祀。惠安灵安王庙祭祀张悃，系王审知部将，他曾在惠安一带招集兵民抗击海盗，安民保护，后发展为福建重要的青山王信俗。在福州，凤池坊有张睦榷货庙，今改为里社，称金华境，社神既榷货尊王。福州北庙，俗称为“北岳庙”，系王审知为祭祀入闽义军前锋大将刘行全而建立的庙宇。仓山区螺洲镇洲浒有“护国显应三刘尊王祠”，南宋时立庙祀刘行全、刘德全、刘侍全兄弟三人。

三、王审知信俗向外传播（南宋以来）

王审知信俗始于五代，形成于宋代，并向外省传播。向外移居的福建人，特别是王氏家族和随从王氏入闽的家族，把王审知当作开基始祖、保护神，带往粤、苏、浙、赣等地。当时传播有三个方向，向北往江浙一带，向西往江西一带，向南往潮汕，再向海南迁移。

南宋以来，随着福建在全国的地位的突出，王审知信俗的影响也逐渐扩大，供奉于民间各地乡村的各个境、宫、堂、庙之中，成为安邦护土的神灵，扎根民间。

在元代，王审知信俗因统治者对南人的压迫而冷落，“元诗四大家”、时任福建闽海道知事的范椁在《四月八日访闽粤王无诸古城遂至莲花峰下僧寺寺乃唐王审知祠》中写道：

维夏气清晏，原薮树茏葱。上弦适休暇，游咏紫烟中。
石涧演新流，山苗含惠风。肥苧肤隐白，崇榴叶张红。
抚节警代谢，未归忧心忡。承官鲜政术，但觉禄养丰。

句稽困日月，始得如游骢。观省职何补，庶望禅至公。
遗丘隐莎草，废刹在空濛。而况尘境事，斯理固有终。

从中可以看出当时王审知祠的冷清，反映出当时闽地文化受到打击的状况。

到明代，特别是郑和下西洋时期，福州成为驻泊之地和开洋起点，闽文化再度兴起，王审知信俗也成为福建重要的民间信俗。明举人池显方题诗写厦门北辰山的《北山闽王庙》：

古胜香消老白粉，重看标刹旧基纹。
游人尚指光州祖，倒碣难摹五代文。
亲掬龙潭一口水，闲眠佛岭半腰云。
疏枝月动秋山冷，满枕松涛彻夜闻。

福州举人徐熥的《元夕》，描写了当时福州祭拜闽王时的盛景：

庆城灯烛夜辉煌，照见丰碑字几行。
此是先朝汤沐邑，年年歌舞祭闽王。

明后期藏书家、文学家徐勃的《过闽王审知墓》，则反映王审知信俗走过漫长、艰辛的岁月：

八郡封疆一望遥，秋山松柏冷萧萧。
宫车去国成千古，剑玺传家历五朝。
石马嘶风金碗出，野狐穿冢宝衣销。
断碑犹识唐年月，春雨苔花字半凋。

明末以来，福建人开始移民开发台湾，并在清朝的康乾年间达到高潮。移民渡台时随身携带香火，随时奉祀，王审知逐渐成为台湾人的保护神之一。

福州闽王巡安缅甸

清代中后期，王审知信俗也随着闽人迁移和王氏家族繁衍，在日本、泰国、缅甸、新加坡、马来西亚、印尼、菲律宾、越南等东南亚国家广为传播，甚至传到西欧、北美、大洋洲，成为影响深远的民间信俗。

第二节　形成原因

王审知信仰的形成有其深刻的政治、社会原因，归纳起来主要有以下五个方面。

一、　是崇拜感恩的内在因素

按照儒家祭祀礼仪制度，只有那些有功于民的人死后才能进入官方祀典，得到人们的祭祀。《礼记·祭法》曰：“夫圣王之制祭祀也，法施于民，则祀之；以死勤事，则祀之；以劳定国，则祀之；能御大灾，则祀之；能捍大患，则祀之。”因王审知开闽有功，后世不仅把他当作闽地先祖，还把他当作济世英雄，崇拜、感恩，将他列入千年祭祀的对象，符合中国传统信俗的理论基础。忠懿王庙的建立，表明王审知正式进入国家祀典，享春秋两祭，得到官方正式认可，这是由人到神的第一步。人们因感恩王氏给闽人带来富裕生活，在厦门同安北辰山建广利庙和衣冠冢；在泉州，南禅寺僧人建檀樾王公祠。福州人不忘其开发瀛洲的功绩，在洲西（后迁于红星村）建造白马王庙，每年举行隆重祭祀，有福州风土诗《瀛洲迎白马王》：

福州闽王祠王审知神像

拜剑开基一世雄，千秋庙食亦崇隆。
瀛洲花月春江夜，来赛三郎社火红。

北辰山广利庙远景

二、 闽地崇佛的民俗基础

闽地湿热，疾病、灾害频发，人们总是希望超自然的力量来消灾免难，自古形成了“信鬼神，好淫祀”的传统。王审知笃信佛教，治闽近三十年间大力提倡和扶植佛教，建造和修复了几百座寺庙，当时福建佛塔之多、寺院规模之大冠于南方各省。有宋人谢泌作诗云：

湖田播种重收谷，道路逢人半是僧。
城里三山千簇寺，夜间七塔万枝灯。

这种崇信神佛的传统，给王审知涂上了一层浓厚的宗教色彩，为王审知信俗的形成创造了良好条件。

佛地泉州

三、 祈求安康的民众心理

在兵荒马乱的年代，面对恶劣的自然环境，平安欢乐是进入闽地的中原移民基本的需求。王审知以史为鉴，以民为本，采取了“保境息民”的治理方略，节省勤俭，任用良吏，减省刑法，减轻徭役，降低税收，让百姓得以休养生息，使闽中在唐末五代军阀割据混战的年代，能有 30 年之久的安靖。王审知由祖先、英雄、君王的身份化为保境安民的崇拜偶像顺理成章。

四、 朝廷封赠的推动力量

朝廷曾多次对王审知进行加封，封号从侯到公，从公到王，任他为武威军节度使、福建观察使，累迁至检校太保、同中书门下平章事，封琅琊王。后梁太祖朱温升任王审知为中书令，封闽王。他去世后谥号忠懿王，被后世追谥为昭武孝皇帝，并由官方举办祭祀仪式。宋太祖赵匡胤御笔亲题“八闽人祖”庙额，肯定了王审知的历史功绩和地位。宋以后修撰的史书，如薛居正的《旧五代史》、欧阳修的《新五代史》、司马光的《资治通鉴》、梁克家的《三山志》、何乔远的《闽书》、吴任臣的《十国春秋》等，都对王审知的功绩给予了充分的肯定，这对王审知信俗的形成和发展起到了推动作用。

五、 灵验传说的强化因素

灵验传说是推动民间信俗兴旺的动力。王审知信俗也有不少灵验故事。例如，早在宋代，福州每年立春时节，郡守都会率领当地官吏来忠懿王庙前的石碑下取土捏制“春牛”，举行春耕仪式。明代闽人曹学佺的诗句：

马从太守分骖去，牛向前王乞土来。

百姓期望借圣王之土，保佑全境时和年丰。南宋时期的诗人陆游所作的《福州闽王闽忠懿王祈雨祝文》描述：“维神之生御灾捍患，有功德于此邦之人，没而祀之。非独父老子弟不忘神之功德意者，神亦眷眷于此邦没而不已也。历时不雨，稼穑将害。吏虽不言，神其忍安视弗捄邪。虽然敢不以告代。”遇到了干旱时节就向王审知神像求雨。明嘉靖四十年（1561 年）同安大旱，知县谭维鼎率员到十二龙潭向闽王祈雨，“澍雨迭沛，四郊沾足，岁乃大丰”。于是同安文人李春芳等便在潭石横镌“瓶台霖雨”四个大字。清乾隆年间，同安知县也到此祈雨，并在同一石面上镌刻下

北辰山祈雨台

玱瑚侯王神像

"膏泽下民"，给北辰山抹上了一层神秘色彩。还有这么一个传说：明朝时龙岩洋坊尾有位彭典史去到泉州，曾在王审知庙里许愿祈求平安，后其乘船回乡，同船人全都遇难，唯独他一人安然无恙。于是他将香火带回洋坊尾来，并在村口建立一座小庙，名叫上官庙。因过于狭小，香客后又在马埔村重建大庙。所以，这一带的人流传的一首民谣："河源十三坊，公太最早到洋坊。"灵验传说对王审知信俗的形成起到了强化作用，使王审知的形象由一个历史人物变成一个民间神祇，一个可以予人庇佑的神灵，标志着王审知由人到神转变过程的最终完成。

第三节　信仰习俗

王审知神灵体系的形成与演化是中原地区祖先崇拜、英雄崇拜观念在闽地的延续，是中原文化与楚文化、闽文化的融合，并逐渐形成了有自己个性特征的信俗。

一、祭祖

王审知信俗千年流传，王氏祖先崇拜是其延续的一个重要因素。王氏家族的繁衍使王审知信俗得以维持和扩展，后人对祖先王审知的崇拜表现在定时扫墓、祭拜。

扫墓活动一般在清明节举行，有的地方在中秋节举行。每年清明节期间，全国乃至海内外的王氏宗亲都要齐聚福州，到闽王陵、闽王祠祭拜、缅怀先祖。厦门同安也有王审知的衣冠冢和随军夫人伍莲的墓，王氏宗亲每年都会举行扫墓祭拜仪式。各地王氏宗族在除本族的开基祖扫墓外，都会祭奠开闽始祖王审知。

祭拜一般有春秋祭祀，上元、中元节祭祀，诞辰日、忌日祭祀等，各地祭祀仪式有所不同。一般于三日前洒扫祠堂，铺设洁净，以照诚敬。当日早上祠堂祭筵，各家送上祭礼。仪式开始时

北辰山祭祀

族众务必风雨毕集，依照辈分列队。祭礼设主祭一人，长袍马褂；襄祭二人，立于左右。诵（即今司仪）按程序呼：揖，跪，叩首，再叩首，三叩首。主祭献上花、果、茶等祀品，读献祭文，焚化元宝及冥钱。祭祀结束，多数宗族都在祠堂中设宴，请来宾和老人就席。

二、巡安

厦门集美刘香巡游

巡安是王审知信俗的传统活动，意在突显神威，祈求辟邪除灾、迎祥纳福。厦门集美社刈香巡游活动已有800多年。元宵节早上，上香祭拜后，信众用八抬大轿请上“护国尊王”王审知、王审知夫人、王审知妹妹，以及“进士祖”陈文瑞、清水祖师“三尊王”的神像。在鼓乐和鞭炮声中，众神像开始巡游集美社的十个角落（二房角、上厅角、渡头角、后尾角、向西角、岑头角、郭厝角、塘墘角、清宅尾角和内头角）。沿街商户和住家摆设桌案，准备贡品，家家户户在门前屋檐下摆放装有黄豆、地瓜、稻草等作物的水桶，犒劳“护国尊王”的兵马，信众手持香火随行，绵延数里，场面非常壮观。最后，众神像回到集美大社陈氏宗祠前的广场，接受族亲祭拜。巡安祭祀时还会有舞龙舞狮等阵头表演和歌仔戏、木偶戏等丰富多彩的民俗活动，表达老百姓对丰收年景的美好祈愿。

集美巡游

近年来，随着各地王审知信众之间的交流日益拓展，巡安范围不断扩大。福州闽王祠组织了十多次巡安活动，王审知金身被请到我国台湾、香港地区和东南亚等地巡游。厦门同安北辰山广利庙、泉州开闽三王庙也多次组织赴台北、金门等地巡安，弘扬王审知保境安民的精神，增进中华民族的文化认同。

三、庙会进香

庙会活动是王审知信俗的缩影。庙会进香之前，必须筹措经费，选择吉时置办进香仪仗，并举行庄严的仪式，一路大张旗鼓，热闹非凡。每年农历二月十二日闽王成道日，北辰山都会举办进香过炉、迎神赛会等活动，有高甲戏、宋江阵、车鼓弄等传统曲艺节目表演，前后五天，盛况空前，善男信女熙熙攘攘，酬神礼佛香火缭绕。过去交通不便，各地信众都得准备干粮，千里迢迢行走来赶庙会。如今，每到此时都会有台湾同胞与海外华侨纷纷前来谒祖进香，共同敬奉先祖闽王王审知。

北辰山进香请火

四、送龙船

送龙船是王审知信俗与福建民间道教结合的一种消灾祈安仪式，类似闽南送王船，有请神、祭祀、普度、巡境、烧龙船等仪式。同安北辰山广利庙也会举办送龙船活动。活动前会制作一只精美龙船，请王公（王审知）巡视绥靖，将孤魂野鬼请上龙船，再一把火点燃龙船，将孤魂野鬼送离本境，意在消除灾难，祈求风调雨顺、国泰民安。

五、 打醮

打醮是道士设坛为人求福禳灾的一种法事活动，是众多庙会中一种较为有代表性的宗教祭祀仪式。王审知信俗中的打醮仪式十分普遍，是王审知民间信仰与道教结合的结果。在闽西，王审知信俗一年有两次醮期，一是王审知的生日（二月初二），称为“人头醮”，打醮的经费主要靠挨家挨户按人头收取；二是王审知入闽的日期（八月初二），称为“换灯醮”，其费用主要来自信众捐资点光明灯的钱。此外，每年五月初六至初十在闽王庙内建醮五天。每当醮期，每家每户都会备有三牲——鸡、鸭、鱼前往供奉，有的将猪、羊肉煮熟后再凑成整猪、整羊前往庙内供奉。

打醮

六、过火

过火也是福建民间信仰习俗中常见的仪式，意在驱魔改运，祈求平安。王审知信俗中也少不了过火仪式。首先由道士向火作法祷告，然后在火堆四周挥舞驱魔，再向炭火撒入盐和米。待道士一声令下，打赤脚抬着王审知神轿的人率先冲过火堆，一些信徒则纷纷跟随，以此祈求王审知保佑一年平安顺利。

过火

七、点光明灯

点光明灯即信众向王审知宫庙捐一些添油钱，由神职人员或管理人员代为祷告，在长明灯内添一些油，祈求事业发达、平安幸福、五谷丰登、健康长寿等。也有的是曾向王审知许愿，事成之后添油点灯，兑现诺言。或有因往年不如意，向王审知请求化解，亦或是抽签问神。有的签诗内就直接注明“许油”“赏油贰斤”等。光明灯一般放在主殿中间或左右两边，呈塔状，捐资越高，添油越往塔尖，寄托各个阶层、各种人群的美好愿望。

八、 迎春牛

迎春牛是福州百姓到闽王祠乞土塑牛的特有风俗。据《三山志》等史料记载，当时官员为纪念王审知开疆拓土、劝课农桑，于每年立春率百姓祭祀闽王，在碑前乞取泥土捏制春牛，抬着四处游行，发动百姓春耕。活动结束后将牛扑碎，人们争着把碎泥块拿回去撒在自家田地里，以保佑百害不生、庄稼丰收。后相继沿袭成俗，至晚清仍然盛行。如今闽王祠墙角的“乞土胜地碑”字迹仍清晰可见。

乞土胜地碑

九、 游公太

游公太是龙岩连城、长汀一带（河源十三坊）轮值供奉琀瑚侯王（王审知）的信俗，由几个村落联盟合作形成了独特的“逐年流坊”轮祀制度。活动每年农历二月初二举行，有参公太、游公太、承公太等环节，已成为相对固定的祭祀仪式。这种轮祀活动可避免祭祀活动分散重复，从而节约成本，集中人力物力扩大活动规模和影响，促进乡村（或宗族）之间沟通、合作，增进彼此之间的了解和友谊。

准备迎公太的彩车

福州迎吴颜

十、 接吴颜

接吴颜即福州独有的摆宴接“吴颜”的风俗。《三山志》载，吴阳、颜平二人系王审知负责巡城的部将，二人十分好酒，常常贪杯误事，王审知一怒之下责令戒酒，只许元宵之夜开饮，反映王审知治闽时军纪严明、施政有方。此后民众便尊奉吴颜为当地酒神，每年元宵人们抬着神像到街上游行，步伐如醉汉踉跄而行。结束后，喜欢豪饮的人也在这天痛饮一番。

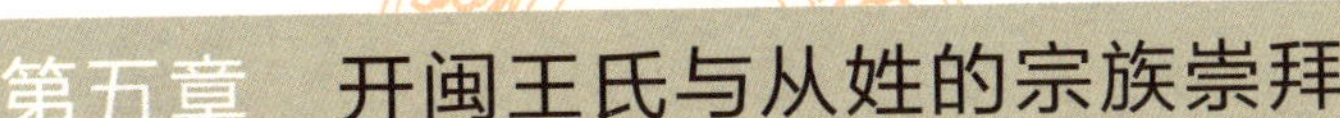

第五章　开闽王氏与从姓的宗族崇拜

王审知信俗能够千年传承，一个关键的因素是王氏和随姓家族世代香火奉祀。如今，各地王姓宗亲会和随从各姓的宗亲会是王审知信俗传承主要力量。

第一节　王氏追根

据福建《忠懿王氏族谱》等记载，八闽王氏来自河南光州固始县，可追溯到中华始祖黄帝。其各阶段和开基祖如下：

黄帝（姬姓）→周武王（姬发）→太原王氏（王宗敬）→琅琊王氏（王元）→金陵王氏（王导）→咸阳王氏（王褒）→固始王氏（王晔）→开闽王氏（王潮、王审邽、王审知）

周灵王太子晋（约前565年—前549年），字子乔，本姓姬，王氏始祖。周灵王二十二年（前551年），谷、洛二水泛滥，将毁及王宫，周灵王决定以壅堵洪，太子晋直谏，触怒了周灵王，被废为庶人。

王宗敬，太子晋长子，周景王（灵王弟）时为司徒。时周室衰微，天下大乱，他便请老避居太原。当时人仍然称呼他们为王家，于是以王为姓，成为“太原王氏始祖”，尊太子晋为“王姓始祖”。

王翦，战国时秦的名将，秦兼并六国，一统天下之时，王翦北征赵国、燕国，东平楚地，攻无不克，战功显赫。

王元，琅琊王氏开基祖，父王离为武陵侯，与项羽战于巨鹿兵败自殉。他避战乱迁往山东临沂都乡南仁里（今山东临沂费县东）。

王吉，字子阳，初仕西汉昌邑王刘贺，西汉历中尉、益州刺史、西汉谏议大夫。迁居临沂都乡南仁里，是为琅琊王氏“临沂祖”。琅琊王氏自此开始日益兴盛。

王翦画像

王导（276—339），字茂弘。他辅佐东晋元帝渡江在金陵（今南京）建立了东晋，并且接连做了东晋元帝、明帝、成帝三代的丞相。从此王氏一姓盛于江左，世称望族，与谢安同为“乌衣巷世家”。

王褒，字子汉，一字子渊，七岁能读史传，写文章，是有名的文学家，与庾信（宫体文学的代表作家）齐名。梁朝王褒为侍中累迁吏部尚书、左仆射。西魏灭梁后迁入长安，是为“咸阳祖”，授车骑大将军、少司空、石泉康侯。北周时任宜州（今湖北宜昌）刺史。

王晔，字世光，固始王氏开基祖，唐贞元年间（785—804）任固始县令守，后任定城宰，政绩颇佳，深得民心，任职期满后百姓仍不愿让他走，他遂留居固始，形成固始临泉王氏一脉。王审知追赠其为尚书左仆射。

王恁，字以诚，居住在固始县县东建安乡第一都临泉村（今分水亭乡王堂村）一带，享年三十六。追赠光州刺史，继赠太尉，累赠太师。娶徐氏，封固郡夫人。

王潮神像

王潮（846—898），字信臣，唐末为固始县佐史，后投奔王绪起义军，为军正，唐光启元年（885 年）随王绪渡江南下，先后攻陷汀州、漳州。王潮“沉勇有智略，王绪天性疑忌，为人暴戾，滥杀将士。王潮与诸将囚王绪，被众推为将军”。唐光启二年（886 年）攻取泉州，任泉州刺史、工部、户部尚书，后被授予泉州观察使。唐景富二年（893 年）攻入福州自称留后，唐朝廷任其为福建观察使。唐乾宁三年（896 年）升为威武军节度使。死后唐封之为秦国公，赐谥广武。《十国春秋·司空世家》称王审知之兄王潮“志尚谦恭，誉蔼乡曲，善于和众，士多归之”。平定统一全闽后，“乃创四门学，还流亡，定租税，遣吏巡州县，劝课农桑，交好邻道，保障息民，人皆安焉”。

王审邽神像

王审邽（858—904），字次，随兄王潮参加王绪领导的农民起义军。唐光启元年（885 年）随军渡江南下与兄潮公奉母入闽。入闽后任泉州刺史达 12 年，勤政爱民，革弊除奸，轻徭薄赋，重视农桑，疏江治港，招引外商。同时设招贤院，广纳名儒雅士，发展文教事业。王审邽好儒学善吏治，累封工、兵、户三部尚书，授威武军节度副使。死后追封开国侯赐谥武肃王，儿子王延彬接任平卢节度使，居泉州。

第二节　后裔族群

入闽王氏兄弟子孙众多，在前期大多担任重要的岗位。世系为：

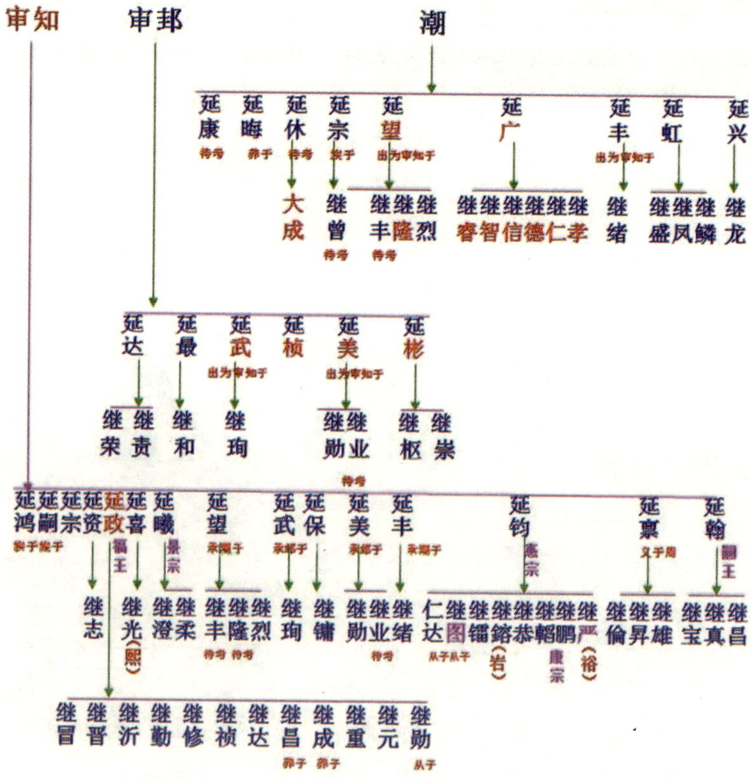

- 潮
  - 延康（待考）
  - 延晦（养子）
  - 延休（待考）：大成
  - 延宗（侄子）：继曾（待考）
  - 延望（出为审知子）：继丰（待考）、继隆、继烈
  - 延广：继睿、继智、继信、继德、继仁、继孝
  - 延丰（出为审知子）：继绪
  - 延虹：继盛、继凤、继鏻
  - 延兴：继龙
- 审邽
  - 延达：继荣、继责
  - 延最：继和
  - 延武（出为审知子）：继珣
  - 延桢
  - 延美（出为审知子）：继勋（待考）、继业
  - 延彬：继枢、继崇
- 审知
  - 延鸿、延嗣
  - 延宗
  - 延资：继志
  - 延政（福王）：继冒、继晋、继沂、继勳、继修、继祯、继达、继昌（养子）、继成（养子）、继重、继元、继勋（从子）
  - 延喜：继光（熙）
  - 延曦（景宗）：继澄、继柔
  - 延望：继丰（待考）、继隆（待考）、继烈
  - 延武（承邦子）：继珣
  - 延保：继镛
  - 延美（承邦子）：继勋（待考）、继业
  - 延丰：继绪
  - 延钧：仁达（从子）、继图（从子）、继镏、继鎔（岩）、继恭、继韬、继鹏（康宗）、继严（裕）
  - 延禀：继伦、继昇、继雄
  - 延翰：继宝、继真、继昌

开闽三王子孙世系

王潮→延兴、延虹（→继麟、继凤、继盛）、延丰（过继给审知，→继绪）、延休（→大成）、延宗（彦复子）、延晦（陈岩子）。

王审邽→延彬（→继崇、继枢）、延最、延达、延桢、延美（过继给审知）、延武（过继给审知）。

王审知→延翰（→继昌、继真、继宝）、延禀（养子，→继雄、继昇、继伦）、延钧（→继鹏、继韬、继恭、继严、继镕）、延美（→继业、继勋）、延丰（潮子）、延保、延武、延望（→继隆、继丰、继烈）、延曦（→继澄、继柔）、延喜（→继光）、延政（→继成、继昌、继达、继元、继重、继勋、继祯）、延资（→继志）。

王审知死后，后裔长年倾轧相残，再加上血腥政变和南唐的进犯，使得王氏宗族枝叶凋零，子孙星散，谱系紊乱。期间王氏子孙为避祸纷纷改姓。传言东南沿海的叶、游、沈均由王氏改姓而来，故有“王、叶、游、沈”是一家的说法。王潮有王延虹、王延休繁衍，王审邽有王延彬、王延美繁衍。王审知诸子中，唯王延钧、王延政、王延喜等族谱记载有后裔繁衍。

一、繁衍世系

（一）王延虹族派世系

延虹→继麟、继凤、继盛。

延虹，唐拜漳州刺史，加金紫光禄大夫，葬惠安始安乡居仁里马坪圹外。后裔落籍漳州及闽西一带，后自宁化迁至诏安亦有迁居台湾者。

（二）王延休族派世系

延休，又名延曦，改名思羲。闽亡，率宗支十人投留从效，举为军正，生子六，次子大成，散居青阳、蚶江、南安临田、龙溪等地。

开闽王宗族灯号

闽省甲宗牌匾

（三）王延彬族派世系

王延彬→继崇、继枢。

继崇，闽检校左仆射、墨敕权判泉川府事、检校司空、检校太保，封王郎琊郡开国男，卒葬南安廿三都凉峰山。生子傅懿。

继枢，闽光禄大夫、汀川刺史、建康侯，葬云台梅山之左。

（四）王延钧族派世系

王延钧→继严（裕）、继韬、继鹏、继恭、继镕（镛）→承信、承佑。

王延钧后裔聚居长乐青山下、塘下以及福州鼓楼、台江等地。王继鹏被杀后子承信、承佑逃入桃源（泉州永春锦斗）隐居。

王继恭，封临海郡王，其后裔居台州临海、黄岩等县。

（五）王延美族派世系

王延美→继业、继勋→勤、能、俭。

王继勋（出为延政子）原为泉州刺史，随父至金陵，后又迁居浙江台州。北宋开宝八年（975 年），北宋太祖册封王继勋为少师，后追封太师、荣国公。长子王勤生一子王远庵，其后裔居浙江黄岩、宁海，世多显贵。次子王能生二子：老大守信，后裔分居宁海、车溪；老二王守一，为沾边节度使，其后裔居浙江嘉湖，世多显达。幼子王俭生子王传烈，为左丞相，其后裔留居金陵。

（六）王延喜族派世系

王延喜→王继光（宗谈）。

王延喜世居长乐十四都旒山，称吴航王。其中一支为避祸移迁金峰塘下。后裔明后迁闽县嘉登里（今琅岐镇）、合北里象洋墩（今马尾亭江象洋村）、嘉登里（今琅岐镇）及亭江象峰村（即象洋）等地。

王继光（宗谈），授福州刺史、威武节度使，居福州王巷，有部分后裔迁居长乐市十四都旒山（今属鹤上镇），又迁福州东郊后屿村、鼓四村。

（七）王延政族派世系

王延政→继成、继昌、继达、继元、继重（勤）、继晋、继勋、继祯。

王延政的后裔非常兴旺，各处裔孙如绵绵瓜瓞，到清道光六年（1826年）合族撰修《忠懿王氏族谱》时，已传到第二十五代，到今天则已传至三十余代。闽国灭后，王延政被南唐封为羽林大将军，继拜鄱阳王，迁徙金陵。后王延政请求归闽，王延翰、王延钧、王延喜等王氏后代也迁回福州，因离乱不知上祖，都归于王延政支派。

王继成，字伯立，号龙，掌南郡诸军事、漳州刺史，加平营兵马都监，其后裔居龙溪县，有一部分迁居漳州后又迁至潮州。后迁居永安，为崇襄洪坑、黄景山等处开基祖，传安溪、泉州、晋江、永安、三明等地。

王继达，接任詹敦仁任清溪县令，后与敦仁结庐同隐于佛耳山下，改号潜夫，为安溪招卿王氏鼻祖。生子忠、羲。

王继元，归闽祀祖，居北门，后迁居下渡藤山，后裔衍分仓前、东升（浦头下）、浦顶、北园、石步、龙津、马尾亭江、鼓山湖塘以及连江浦口、上元、官岭、壶江、长乐井下、闽清云龙等地，也有散居江淮。

王继重生二子：承、就，其后裔衍分闽侯上街、金桥、尚干（山后），永泰樟坂、霞拔、长乐筹岐等地。

王继祯迁往南安一都内，有子五：管礼、管明、管武、管友、管智。

二、 主要分支

（一）福建省内

闽南地区有同安白礁王氏、同安槐庭王氏、同安珩厝王氏、

长泰武安世德堂

金门王氏宗祠王审知神像（右）

长泰武安世德堂出巡

开闽王祠遗址

“开闽第一站”（三明）

同安灌口王氏、安溪开闽长坑王氏（玉湖、华美、文坪）、安溪尧阳王氏、安溪招卿八扉王氏、安溪城厢上营王氏、安溪五里埔王氏、安溪由义王氏、泉州车厝王氏、泉州上坊王氏（王审邽之后）、石狮市龙塘王氏、南安象运金安王氏（王审邽之后）、南安贵峰王氏、晋江乌衣巷王氏、金坑王氏（晋江、南安）、南安清溪王氏、诏安王氏、漳浦横口王氏、诏安秀篆王氏、长泰西门王氏、金门浯江王氏（分居 15 个村落，宗祠 11 处）。在闽东地区有福州亭头王氏、福州马尾英山王氏、福州南门外石步王氏、长乐旒峰王氏、闽侯西清王氏、福清港头王氏、莆田新度王氏（东里、汤埔、汤塘）、莆田江口前王王氏、福安县黄岐王氏、福安桂林王氏、福鼎秦屿开闽王氏。在闽北闽西有三明市莘口王氏、三明荆东、荆西王氏（明德堂）、三明岩前王氏、建阳将口王氏、浦城深溪义门王氏、宁化安远冯家围王氏、龙岩可泰户王氏。

福安闽王桂林祠祭祀活动

建阳王氏宗祠重修庆典

（二）福建省外

有江西九江县岷山开闽王氏、温州环川王氏、长卿派及其温州平阳凤岙王氏、温州凤卧浦山下王氏、温州翔源王氏、温州平阳县硐桥头王氏、浙江瑞安王氏、广东潮州王氏、海南王氏、东莞王氏、香港东莞王氏、固始县临泉王氏（王彦英之后回迁）、台湾王氏（主要源于福建，近50万人，有嘉义太保王氏、台中清水王氏、园公王氏等）。

温州环川王氏

（三）海外

泰国王氏后裔大多来自东莞王氏、海南王氏，在泰国成立了泰国王氏宗亲总会。在新加坡，1872 年福建同安白礁乡王友海与同里王求和、王宗周三人出巨资在武吉智马律购买了一块三百多亩的土地，人称“姓王山”，修建了“闽王祠”。1875 年，新加坡开闽王氏总会成立。在马来西亚，1881 年迁居马六甲的王氏在三宝井山营造开闽王招魂陵，1896 年建立马六甲植槐堂王氏宗祠。迁居槟城的王氏后裔建立了王氏太原堂闽王庙。现马来西亚成立了马来西亚王氏宗亲总会，有王氏一心堂等分会六处。2017 年 5 月印度尼西亚王氏宗亲联谊总会成立。菲律宾于 1922 年成立了菲律宾太原王氏宗亲总会，有宿务、怡朗、西黑人省、棉兰佬分会。缅甸于 1910 年倡建缅甸太原王氏宗族会，后遭日本轰炸。1957 年建立新会所，成立了缅甸太原王氏宗族会。另外，美国、法国等国家均有王氏宗亲会，还有迁居过去的越南西贡王氏、高丽王氏（族弟王想之后）、新罗王氏（王彦英之后），在日本姓氏中以王氏为姓源的有三十支以上。

东南亚各国王氏泰国宗亲会

仰光王氏太原堂

第三节　十八从姓

史料记载，当时王审知兄弟率众南奔的兵将五千，行至漳浦时有众数万，世有入闽“十八从姓”之说。根据《八闽掌政姓氏》《豫闽台姓氏源流》《闽书》以及各姓谱牒与有关碑铭，已知从王开闽的超过六十姓。应该说“十八姓”为吉祥之意，只是其中主要功臣或大族人姓，代表随王氏开闽的官员、将领和民众。

固始番国（东周）故城遗址

一、　从姓简列

陈姓："古灵陈氏"入闽始祖陈令图，居福州城，其子孙多为显达官史。"南阳陈氏"入闽始祖陈夔，居福清南阳新丰里，其后代迁居频繁。陈勳，固始人，昭宗授兵部侍郎，官拜大司马，赐第福州南营，后迁侯官古灵。陈守敬，封牛黄八部将军，居福州上渡。陈霸先，随王审知入闽部将，作战英勇，在连江白塔岭马失前蹄牺牲。陈令榕，入闽军将。

林姓："控鹤林氏"入闽始祖林延皓，被任命为"拱宸、控鹤都指挥使"。"陶江林氏"入闽始祖林穆，官左朝奉大夫。"上街林氏"入闽始祖林硕德，曾任寿州起义军前锋，为闽王得力部将，受封都统使，赐封府第为"上溪"。"濂江林氏"祖先为林浦，戡定闽疆立下战功。

黄姓："虎丘黄氏"入闽始祖黄敦，与弟黄膺随王入闽，初居清流梓潭，后移居闽清的孟平里凤楼山与敛庐舍。黄敦生六男，被称为"黄氏六叶"。

张姓："风池张氏"入闽始祖张睦，从固始随王审知征战，出任"榷货务"（财贸税官，商务管理机构的长官），其后代集中住永泰和闽侯南通泽苗、上街厚美、南屿张厝等处。张清溪，固始人，王审知军将，官居漳州刺史。张悃，王审知部将，镇守惠安青山，后世称青山王，成为闽台广泛传播的民间信俗。

青山王张悃塑像

刘姓："凤岗刘氏"入闽始祖刘存，率三子、三侄随王审知入闽，卜居凤岗（福州金山）。其子刘昌祖为王潮部将，官司马参军。刘技，原官居检校尚书户部员外郎、鄂州节度使判官等职，入闽后居晋江。刘技生有三个儿子：刘文质、刘文济、刘文泽。刘文质为王潮女婿，任泉州观察推官。刘文济迁入福州居"郎官巷"，娶王审知最小的女儿为妻，官终西蜀武连令。刘技的女儿嫁给王审知次子王延钧为妻，封为正义夫人。刘行全，王绪妹夫，入闽先锋将，未获封赏而卒，立庙螺州。

严姓："岐阳严氏"入闽始祖严怀英，随王审知入闽，以军功膺朝请大夫，卜居福州阳岐。

郭姓："汾阳郭氏"入闽始祖郭嵩，随王入闽，集居福州仓山郭宅，子孙后传衍于仙游、莆田及南安蓬岛乡。郭显忠，固始人，任镛州（今将乐）刺史。

唐姓："尧沙唐氏"入闽始祖唐绮，单身一人随王审知入闽，是王审知的幕僚，被赐封为开闽昭义大元帅，曾在鳌峰坊建"元帅府"，其后裔迁居福州各地、闽南、莆田、江浙一带。

郑姓：入闽始祖郑摄，武宗宰相郑肃曾孙，官宣义郎、朝散大夫，与兄郑琼、弟郑琏定居长乐县北湖村，成望族。郑湘，随王入闽军将。

宋姓："江口宋氏"始祖宋臻，唐朝名相宋璟后代，入闽先居闽侯雪峰，后迁南屿。

苏姓：入闽始祖是苏光海，父苏益为唐授温州刺史，随王潮入闽。任泉州都统，居大同场（今同安）葫芦山。

卢姓：入闽始祖是卢皓，为军中高士。后裔大部分居福州地区。卢光，居延平，后徙居福建的闽侯、尤溪一带，其后裔则分布于南平、沙县、顺昌、建阳及尤溪等地。

高姓：入闽始祖是高钢，唐朝授从政郎，住福清怀邑凤岗。

高曦，随王入闽军将。

邹姓：邹勇夫，原仕唐朝中央光禄大夫，上柱国，后单骑随王入闽，授官仆射，遗戍归化（今泰宁）。

吕姓：吕占，唐相吕湮之后，时传军中有“吕李主帅”，即其一也，初住泉州，后迁安海。

李姓：李承勋，率军征讨宁化黄连洞蛮，为平定汀州立了大功。李仁达，闽国后期被吴越国加封侍中。

程姓：程斌，固始人，王审知部将，屡建军功，官建州（今建瓯）刺史，后裔居长乐。程彦，固始人，先任司马官，后任漳州刺史。

吴姓：吴珣，固始人，率僮仆家人随王入闽，军中称“双箭大王”，定居南平吉溪。

邓姓：邓琚，固邕人，掌兵于邵武。邓兴，固始人，居福州竹屿。

庚姓：庚某，为奋威将军，镇守桃林场（今永春），山东台有祠祀之。

孟威，都押衙、都指挥，后为建州（今建瓯）刺史，配忠懿王祠。

虞雄，王审知时任牙将，战殁于福清渔溪，建庙以祀。

袁昭，王审知部将，镇守桃林场马岭。

薛文杰，原为中军使、后接张睦任国计使。

留从效，闽国后期任清源军节度使，据守闽南。

董思安，王延政出降后回泉州，后为漳州刺史。

连重遇，闽国后期任控鹤都将。

庄森，王潮外甥，唐朝任广州刺史，致仕后退隐永春蓬莱山湖洋。

沈诚，才华出众，为王审知婿，官驸马都尉。

周启文，随王入闽，为福州管成丞。

潘承佑，唐司法参军，后弃官归闽任大理少卿，度支判官。

曾延世，进士出身，官闽团练使。

姚建，任闽国盐铁副使，后居福安长溪松源洞。

侯阼昌，任威武军观察判官。

章仔钧，任西北行营招讨制置使，扼守浦城西岩山。

马昀，固始人，随王入闽，居住泉州。

方仁岳，任官秘书少监。

廖世舟，固始人，随王入闽，任泉州司马。

伍梦授，事王审知，官左仆射。

许十一，固始人，王氏校佐，授武骑尉，定居清渔坑灵洞。

詹赞，唐金紫光禄大夫，前锋检点使，随王入闽，隐仙游植德。

施典唐，授秘书中丞，从固始入闽，居石狮。

卓敬阳，任殿前检点录事参军，居泉州西浦。

谢文乐，举家随王入闽，任王府长史，初任邵武，后居建州黄连。

卢简能，固始人，任殿前检点录事参军，后任泉州。

朱厚氏，淮阳人，学士出身，随王入闽，居福州左二坊。

柯裕，固始人，随王入闽，定居闽侯。

蔡俨，固始人，审知辟为户部郎中，由兴化徒泉，居泉州。

钱隆盛，随审知入闽，定居大同场（今同安）。

骆贤范，固始人，随审知入闽，居住泉州。

魏忠衍，自固始随王入闽，住泉州石达。

曹安，随王入闽，定居长乐潭头，后迁福州。

胡卢，固始人，唐末入闽，居尤溪。

蓝廷瑞，自固始随王入闽，居汀洲沙里炉。

余章，唐朝授光禄大夫，上柱国，随王入闽，任王府太医正。

颜仁郁，审知命他分管农事，任归德场（今德化）长官。

夏侯淑，谯国人，仕唐朝中央史部郎中，归附闽王审知时任集贤殿校理。

湛谒，光州人，官使大夫，国子祭酒。

戴九郎，自固始与其弟随王入闽，卜居南安诗山。

韩偓，仕唐翰林承旨，制诰兵部侍郎，挈其族依附审知。

崔道融，湖北人，仕唐朝中央右补阙，诗人。

二、 功臣名将

（一）智囊幕僚——黄滔

黄滔(840—911)，字文江，莆田城内前埭（今荔城区东里巷）人。黄滔的祖先也是晋时“衣冠南渡”移民福建的固始人。黄滔自幼聪慧好学，曾在莆田灵岩寺（后称广化寺）苦读十年，但科考却颇不顺利，直到五十五岁才考中进士，被任命为四门博士的闲职。

黄滔画像

回到福建以后，黄滔受到王审知的重用，任威武军节度推官（相当于军师），辅佐王审知制定许多施政治国的措施。外交上，黄滔出访吴越和南汉，在处理邻国的友好关系方面做出了很大贡献。

黄滔博学多才，能诗、能文、能赋，官方重大国事记录、祭文、碑铭等重要文件几乎出自他手。著有《黄御史集》十五卷，

主编了《泉山秀句》（福建的第一部诗集），有 208 首诗被收入《全唐诗》，被誉为“闽中文章第一人”。

（二）财贸高才——张睦

张睦（850—926），字仲雍，号宗和，河南光州固始魏陵乡祥符里，唯一出身进士随王氏兄弟入闽的人。

唐乾宁四年（897 年）授三品官，出任榷货务（财贸税长官）。他辅佐王审知驾驭商贾，守藩二十九年，其富国裕民、发展商贸的功勋，彪炳史册，传颂八闽。张睦是福建开拓海上丝绸之路的功臣，他凿石拓湾，开辟甘棠港，还督建大批商船，一时内外贸易兴盛起来，一派繁华景象。

后梁太祖开平三年（909 年），张睦被封为梁国公。张睦去世以后，葬于侯官县太平乡兴和里（今闽侯县上街镇上街村）赤塘山。后陆续被赠为太师、尚书右仆射、英烈武护国公、镇闽大王等，与建州刺史孟威等在闽王祠配祀。

张睦祠

（三）辅国之相——翁承赞

翁承赞（859—932），字文尧，晚年号狎鸥翁，莆阳兴福里竹啸庄（今北高镇竹庄村）人。承赞少时攻读甚勤，乾宁三年（896 年）以擢为探花使，后擢博学宏词科，授京兆尹参军。累迁官秘书郎、右拾遗。天祐元年（904 年），赞奉诏回闽册封王审知为琅琊王。朱温称帝后，任右谏议大夫、福建盐铁副使、左散骑常侍、御史大夫等职。开平四年（910 年），任册礼副使来闽册封王审知为闽王。

翁承赞回闽后，王审知拜他为同平章事，封晋国公。为相期间，翁承赞建议设立“四门学”，并在所属各州县广设庠序以授生徒，做到府有府学，县有县学，乡村有私塾。后唐同光二年（924 年），王审知卒，承赞写墓志铭。晚年辞官归隐建安（今福建省建瓯市），长兴三年（932 年）去世，追谥忠献。承赞工诗，有诗集《谏议昼锦宏词》前后集，现传世的有《昼锦堂诗集》计48 首，收入《全唐诗》的有 37 首。

（四）话题才子——徐寅

徐寅，字昭梦，莆田（今福建莆田市）人。生卒年份与王审知相近。徐寅是唐末名士，博学多才，擅长写辞藻华丽的赋，早年作《人生几何赋》等脍炙人口名篇。唐昭宗乾宁元年（894 年），徐寅考中进士，试场所作《止戈为武赋》传诵一时，现有《探龙集》《钓矶集》等诗文集传世。

徐寅画像

徐寅曾任秘书省正字（校勘）的闲职。游历汴州时，梁王朱全忠

把他待为上客，他怕惹祸上身，便回到福建。王审知任命他为掌书记（机要秘书），但不久他就辞官回延寿溪定居。泉州刺史王延彬慕名请到泉州招贤院教书育人，两人十分投契，徐寅成为王延彬喝酒吟诗聚会的常客。

据说，徐寅曾为朱全忠精心炮制《游大梁赋》，其中有两句："千金汉将，感精魄以神交；一眼伧夫，望英雄而胆落。""千金汉将"指汉朝名将韩信，朱全忠称韩信曾在梦中向他传授兵法。"一眼伧夫"，指的是一目失明的李克用。闽国使者去洛阳朝见后唐庄宗李存勖（李克用之子）时，李存勖得知徐寅在福建，提出要王审知杀他。王审知说，"想要我杀了徐寅，不听也罢，但也不方便再用他了"，因此徐寅一直得不到重用。

（五）开泰始祖——邹勇夫

邹勇夫，字愈，相传他熟读兵书，而且精于骑射。他只身一人跟着王氏兄弟入闽，忠心耿耿服务王氏政权，后梁太祖开平三年（909年），邹勇夫被任命为仆射（相当于宰相）。

泰宁邹勇夫崖葬遗址

多年以后，南唐对闽国虎视眈眈，王曦命令邹勇夫率军镇守闽国西部军事要冲归化镇（今福建泰宁）。邹勇夫到了归化镇，招集流离失所的游民，帮助居民安家和发展生产。当时归化镇地处边防前线，却能够免遭战争的涂炭，人民安居乐业。后人因感念邹勇夫的恩德，把归化改名泰宁，尊他为“开泰始祖”。

（六）浦城守备——章仔钧

章仔钧（868—941），字仲举，号彰良，福建浦城人。章仔钧为人稳重，才德兼备，长期在浦城乡下隐居。

浦城县位于福建省最北端，闽、浙、赣三省的交界处，是闽地的军事要塞，北方南下进入福建的通道，而福州政府却又鞭长莫及。唐昭宗乾宁四年（897 年），章仔钧到福州去拜见王审知，向他论证了浦城的重要战略地位，拟定了战、攻、守三种具体策略。王审知大为叹服，奉为上宾，授予章仔钧高州刺史、检校太傅、西北面行军招讨、制置使官衔，让章仔钧率领精兵五千人驻守浦城的西岩山。他在几十年里一直是担负闽地北方国防重任，为闽国安全立下大功。

章仔钧画像

（七）漳州仗节——程赟

程赟（？—944），字彦赟，又名文纬，河南光州固始君子乡兴贤里人。程赟文韬武略，胆识超群，且爱民反暴，忠诚不贰，随王入闽立下卓著战功。王审知把他视为心腹，委以二部将、都指挥使、漳州刺史等要职。

程赟在榕岸龙兴山天葬墓碑

唐天复元年（901 年），王审知在福州扩建罗城，委派程赟监造工程。唐同光三年（925 年），王审知得病薨，时任拱宸都指挥使的程赟请立琅琊王德政碑，倡建忠懿闽王祠。后闽国内讧，程赟不幸于天德二年（944 年）在漳州刺史任上被害，后人将程赟配祀闽王祠首位。

（八）六桥林氏——林硕德

林硕德（860－926），号天复，河南光州固始人。早年智谋勇略，为乡里所推崇。唐僖宗中和元年（881 年），林硕德率众投奔王绪起义军，被封为监丞。林硕德在竹林兵变时，带壮士数十人活捉了王绪，后又与王审知一起攻下福州。乾宁元年（894 年），林硕德率兵平定邵武、泰宁等地，远近州县相继归顺，为闽疆统一立下功勋。林硕德先后被封为威武军军判、威武军都统使、开闽都统使等职。

乾化三年（913 年），林硕德封第于屿头山，因周围曲水环绕，就建造了合潮、玉浦、郑屿、温阳、山后、玉丘六桥，后人以“六桥林”称之。“六桥林氏”从唐末至明代先后出过“三统帅、一宰辅、二尚书、双翰林、十二进士”，子孙繁衍昌盛，是闽中望族之一。

（九）陶江林氏——林穆

林穆，字佑然，世居光州固始县。随王审知兄弟入闽，功绩居多，任左朝奉大夫。

后来林穆瞻顾枕峰“一脉一回龙风水宝地”，就建宅居住，即为陶江林氏。陶江林氏人才辈出，后代有宝祐癸丑科（1253 年）进士林津龙（授迪功郎、尚书乾官）、宋绍定神童科状元林壮行、明浙江道监察御史林、清光绪丁丑科武探花林培基等历史上的文武名人。近代先后走出了像国民党政府主席林森、“二七”烈士林祥谦等先贤名人。

第六章　王审知信俗相关的场所和活动

第一节　庙宇分布

一般说来，地方性神祇其祭祀圈、信仰圈相对局促，只限于一乡一邑，或为家族保护神，或为挡境的社区神。而王审知的信仰圈却随着族群的迁徙得到扩张，由福建辐射到江西、浙江、江苏、广东、海南、台湾，乃至南洋地区，成为区域性神祇，庙宇也遍布信众聚集地。

一、　泉州

古泉州是王氏兄弟的发祥地，其范围包括现在的福州、厦门和泉州等地。厦门供奉闽王的庙宇除了同安的广利庙外，又有同安的东山古庙、湖里的龙源宫、下保北山宫等处。东山古庙位于同安区大同街道，年代久远，存有石刻、庙记，香火鼎盛。龙源宫位于厦门市湖里区江头街道后埔社区薛岭社内，传说是由同安北辰山广利庙分香而来，主祀开闽王王审知（俗称大公祖），配祀保生大帝吴夲（俗称二公祖），是一个村与八个堡（薛岭、浦园、枋湖、后埔、刘厝、梧桐、祥店、卢厝）共同供奉王审知的宫庙。下保北山宫位于思明区环岛东路2986号，也是广利庙的

厦门篁津宫

厦门湖里下保北山宫

分灵。在厦门市政府大楼边的古牛头村（已拆迁）现仍保留一座篁津宫，也供奉王审知。

泉州除开闽三王祠外，主要宫庙即惠安坝头龙凤宫（现属泉州泉港区），当地人称王审知为“唐公”，因而该庙又称“唐公宫”。清康熙年间，当地庠生连凤梧（1635—1704）卜地兴建，世祀开闽王王审知、妈祖林默娘、太保诸神。南安千金庙，位于南安市金淘街尾，始建于后梁开平年间，是闽南三大古刹之一。“千金庙”原名“千金朝”，传说当年乡豪陈目五因资助三王攻占泉州，受到王审知封赏后飞扬跋扈，忘乎所以，兴建类似皇宫规模的府宅而被人告发，爱女陈千金巧妙将“朝”字加上广字头变“庙”字（繁体字为廟），将府宅改为“闽王生祠”而逃过一难。

南安千金庙

惠安坝头龙凤宫

金门闽王祠

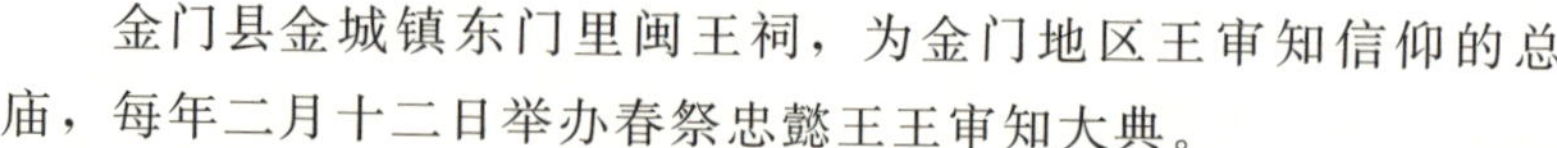

金门县金城镇东门里闽王祠，为金门地区王审知信仰的总庙，每年二月十二日举办春祭忠懿王王审知大典。

二、 福州

古福州是闽王信俗的发源地，也是该信俗最为盛行的地方。在福州城，除了前文所述忠懿闽王祠之外，又有上渡闽王庙。该庙建于明末天启年间，是由聚居于福州仓山一带的王审知及其大臣的后裔发起倡议，上渡地区四境四社的商家铺户及乡间热心人士筹资兴建的。该庙曾经被有关单位占用，现主殿收归王家重修，列为省级文物保护单位。但两边的偏殿等属地范围还有很多没有归还。闽王庙保留明代的壁画，对研究明朝书画很有价值。

福州上渡闽王庙

此外，在古福州也多有闽王庙分布。如福清，“忠懿王庙在浔洋里，五代闽王以军民夹筑大湖洋塍，乡人为立石祠”。该庙因改朝换代被废弃，后又逐步改名为“明王殿”，现在依然屹立在东阁村七里塍旁，香火十分兴旺。

平潭有“白马王庙在海坛里，旧志闽王审知状貌雄伟，隆准方口，常乘白马，人呼为‘白马三郎’”。海坛即今平潭，原隶属福清县，民国建立后始正式设县。桃峰寺，“祀忠懿王，俗呼白马尊王，在斗门区七星坠地山麓，建自明代，清康熙年间重修，道光六年陈方策同里人续修为之记”。

宁德六都有忠懿闽王庙，又称白马王庙。王审知巡视福宁至六都时，赞“此地双溪汇一口，可居也”，先祖们便在此建了忠懿闽王庙和白马桥。

福鼎太姥山镇有白马闽王庙，“白马庙，在蓁屿康湖山麓，祀闽王王审知”。庙前原来是秦屿海，每天对岸的屯头村民要随潮乘渡船过来秦屿集镇。古庙的后面是康湖山，可看到夕阳从对面远处的太姥山渐渐落下。还有福鼎白马侯王庙，位于前岐镇武洋村，迁自安溪招卿的开闽王氏后裔聚居地，庙里供着王审知三兄弟的神像，神龛两边书有“尊为候王，亲为宗祖；保我黎民，福我子孙”的对联。

马祖莒光乡东莒福正村有白马王尊庙，是唯一供奉闽王王审知的白马尊王庙。

三、 汀州

在三明、龙岩等地亦有不少祀奉王审知的庙宇。沙县东门有“白马庙”，《史记》中记载：“白马庙，在县东龙池巷内，祀闽王王审知。”此庙位于城区东北隅，俗称“东山庙”，始建于宋代，供奉闽王王审知。闽王王审知曾驻军沙县，在沙县期间广施德政、仁爱百姓，现全县有王审知后裔 2000 多人，每年农历十月

宁德六都白马王庙

前岐镇白马侯王庙

初十相聚在庙里祭拜入闽始祖王审知。

宁化县有白马庙，《史记》载：“在北城翠华山之侧……按《南唐书》，王审知状貌雄伟，常乘白马，军中号‘白马三郎’是也……然则闽有三白马神同，宁之祀，其谁指欤？必审知耳。”可惜此庙现已废。

宁化客家王氏总祠

汀州闽王庙

清流县有闽王庙，“在嵩口，祀王审知”。“神姓王，名审知，唐封忠懿王，梁封闽王。第七子延升徙居清流，遂为王氏祖。其子孙立庙于嵩口以祀焉。庙今废。”又有白马庙：“在县进贤坊邹氏祖祠，宋邹一郎莅政清流，因家焉。携神香火奉祀，故名。按白马王乃闽越王审知之像，审知常乘白马，死后民思其德以祀之，是白马庙唯闽有之。”可惜清嘉庆五年（1800年）该庙已经湮没无存。

在今长汀、连城两县的交界地带，有珨瑚侯王（王审知）信俗。在连城，原珨瑚侯王庙主要有四座，分别是县城南门外镇川庙、莒溪壁州永兴庙、新泉珨瑚庙、朋口马埔珨瑚庙，现只存马埔珨瑚庙和壁州永兴庙，香火仍然兴盛。

据史料记载，在长汀县有“白马庙，在预备仓后，祀闽忠懿王王审知。一在十字街马中丞坊”，庙均已废；珨瑚庙则分布在河田、南山等地。又有汀州闽王庙，在长汀县南山镇南山村半溪峒，在 1915 年所建的西山桥头玲瑚庙基础上，于 1981 年重建而成，建筑面积约 8000 平方米。

沙县东门白马庙

四、 建州

闽北地区是福建最早开发的内陆腹地，境内也多有闽王庙宇分布。

尤溪闽王古庙位于尤溪县城东南中仙乡之巅的明山湖。据传该庙始建于后唐，唐乾化元年（911 年）闽王审知晚年在此隐居，参禅悟道，同光四年（926年）在此地脱身净化，同年在湖边建庙祀王审知真骨塑像。宋熙宁八年（1075年）改建圣王祖殿，祀王审知真骨神像。闽王古庙香火很旺，影响甚广，闽侯、仙游、永春及德化等地都曾有它的分香庙。

南平亦有“闽王庙在三魁坊，祀闽王王审知”。

尤溪闽王古庙

五、 闽地外

王审知主要建功于福建，对他的崇拜也基本集中于福建，但其影响并不限于福建省。早在宋代，浙江常山就建有白马三郎庙，在县东三十里双塔山。宋绍兴丁巳年（1137 年）祷旱有感，龙图学士梁默认为王审知生前就已封王，不宜再用军中的称谓，应另封庙额，朝廷遂赐额“昭应”，直至明清时期此庙仍在。

此外，台湾新竹县有龙凤宫“在竹南里一堡草店尾街，祀王审知，称开闽圣王”。

第二节　纪念场所

一、 固始开闽三王纪念馆

纪念馆位于城南根亲文化园内，建筑呈闽南风格，古朴宏伟，占地 4876.3 平方米，总建筑面积 2617.9 平方米。馆内包括闽王殿、归宗阁、尊礼堂、叙伦厅等九个殿堂，陈列三王史料、文物、图片等，向世人展示了三王兴修水利、发展农桑、扩展海上贸易等业绩。

开闽三王纪念馆开馆仪式

二、 厦门北辰山闽王纪念馆

闽王纪念馆坐落在厦门市同安区北辰山麓，2012 年 11 月开馆。该馆与始建于唐末的北山广利庙、王审知的衣冠冢，以及近几年所建的王审知塑像广场、拜剑台等，共同成为缅怀开闽王丰功伟绩的纪念实体。

北辰山闽王馆在传统观览场馆方式的基础上加入声、光、电等效果，巧妙地运用“幻影成像”“球幕电影”“电子签名”“虚拟翻书”等高科技手段，真实再现王审知当年“竹林兵变”“三拜三升”的场景，将闽王文化的核心内容浓缩在一馆之中，成为北辰山景区的核心。

厦门北辰山闽王纪念馆

三、 福州王审知纪念馆

王审知纪念馆坐落在福州市北郊莲花峰下王审知陵墓旁，占地 2000 多平方米，按庆城路闽王祠（王审知故居）格局设计，分为前后三进。纪念馆用文物、图片等资料展示当时的社会历史风貌，通过十多个石制浮雕，介绍王审知率领义军挥师南下，一统八闽，在福州兴学招贤、兴修水利、发展农桑、辟港经商等一系列功绩。闽王纪念馆承载历史，启迪未来，寄托后人慎终追远的无限情怀。

纪念馆由福州市古建筑研究所设计，闽台两地数百位闽王裔孙共同出资 400 万建成。

福州王审知纪念馆

第三节　研习团体

开展王审知的研究，记录风雨千年的闽文化历史，挖掘闽王文化内涵，用闽王精神引领时代风貌，团结福建人民，具有十分重要的意义。新时期王审知研究会在各地陆续成立，把王审知研究推向了新的高度。除厦门、泉州、福州几个比较有影响的研究会外，石狮、德化、安溪、福鼎、福安、长汀、建阳等县市也成立了相应的研究会，在境外，如新加坡、美国等地，也有王审知研究机构。

一、 福建省王审知研究会

成立于 2009 年 8 月，办公地址位于福州市台江区广达路 393 号边达大厦 12 层 1 单元，是由福建省社科联担任业务主管、福建省民政厅民间组织管理局审查批准的社会团体。现任会长王惠明。

研究会由福建社科、历史、文化界等专家学者及一批文博、谱牒工作者组成，致力于整合福建王审知研究力量，推动福建与台湾地方史、文化史、移民史的研究，并与两岸高校、科研部门、文博部门以及地方民间力量相互沟通合作，共同弘扬闽王文化。

二、 福州市王审知研究会

成立于 2013 年，办公地址位于福建省福州市鼓楼区五一北路 186 号利嘉大世界三楼，是由福州市社科联担任业务主管、福州市民政局审查批准的社会团体，现任会长王忠义。研究会依托福州闽王祠开展王审知信仰的研究，每年举办清明前后的闽王春祭、五月二十一日王审知入主福建纪念、九月初八纪念王审知诞辰等活动，是弘扬闽王文化的重要平台。

三、 福州市晋安闽台王审知研究会

成立于 2007 年 2 月，是海峡两岸合办的文化研究机构，现任会长王大盛。研究会旨在弘扬祖德，亲睦宗谊，加强闽台两地民间文化交流，宣传王审知“德政惠民”的历史功绩。近年来，研究会参与完成闽王陵、闽王纪念馆配套工程建设，塑造王审知巨型塑像，重建莲花永兴寺等工作。组织“闽王金身”巡安金门、台湾、东南亚等地，承办历届闽王文化旅游节，为王审知文化传承和发展做出很大贡献。

四、 厦门市王审知研究会

成立于 2009 年 6 月 20 日，是由热心于王审知历史研究的学者和闽王文化爱好者组成的具有法人资格的地方性、学术性、非营利性的社会组织。由厦门社科联主管，现有团体会员 67 个（王氏村/居的宗亲会或老年协会），个人会员 200 多人，现任会长王文兴。

福州闽王锦绣旗

研究会的主要工作是发掘、整理闽王历史资料，传播闽王文化，弘扬闽王精神，以血缘亲情促进海峡两岸关系的和谐发展。

厦门市王审知研究会会旗

几年来，研究会在组织广利庙庙会、承办北辰山闽王民俗文化节、兴建王审知塑像广场和闽王馆、表达广大王氏宗亲的正当诉求等方面作了大量的工作，使这一民间信俗在北辰山旅游观光、对台对外交流合作上发挥了积极作用。

五、 泉州开闽三王文物保护中心

成立于 2016 年，办公地点为泉州市南俊路 71 号开闽三王祠内，理事长王启水。2007 年，经文物部门批准成立泉州开闽三王文物保护管理处，2013 年 3 月成立开闽三王文保基金会。开闽三王保护中心旨在弘扬和继承三王文化，守望精神家园。中心每年举办泉州开闽三王祠春祭暨纪念入闽周年庆典等活动。

第四节　节庆祭典

一、厦门北辰山广利庙庙会和闽王民俗文化节

北辰山山门

北辰山俗称北山岩，位于厦门同安区五显镇境内，方圆 12 平方公里，峰回路转，有石壁、石刻、瀑布、古树等十多景，是福建侨乡著名风景名胜区，为当年王氏兄弟竹林兵变所在地。早在五代，北辰山就建有纪念王审知的生祠。宋开宝七年（974 年），吴越刺史钱昱在福州庆城寺建闽王祠。随后，当地民众在北辰山另修衣冠冢，立专祠，也就是广利庙。

忠心不泯开南地，惠泽及人镇北山

庙门楹联表明该庙正是为纪念王审知开闽治闽而建，宋朝就有五帝七次加封广利庙：

神宗熙宁八年（1075年）封静侯；

徽宗宣和七年（1125年）封威显；

孝宗隆兴元年（1163年）封昭护；

孝宗淳熙十一年（1184年）封广利；

宁宗嘉定三年（1210年）封灵祐；

理宗宝庆二年（1226年）封显济；

理宗绍定二年（1229年）封忠仁。

现每年农历二月十二（王审知成仙日）、清明节、农历九月十八（王审知诞辰日）、农历十二月十二（王审知祀日）广利庙都会举办祭典活动，广利庙庙会和闽王民俗文化节已成为远近闻名的纪念王审知的节庆活动。

（一）广利庙庙会

北辰山广利庙庙会在每年农历二月十二日举办。前后五天，在厦门的67个王氏宗亲和各地善男信女都会前来进香祭拜，近年来更是汇聚本省以及台、港、澳地区乃至东南亚等地的近十万香客，可谓人山人海。

庙会活动应始于五代建庙时，历经数代的兴衰，最后逐渐形成民众自发组织的庙会。同安县志记载："忠惠庙在北山乡，祀开闽王，每岁二月，士女进谒者，以数万计。"庙会除正常的宗教仪式、进香祭拜外，还配有高甲戏、木偶戏、腰鼓舞、拍胸舞、南音、宋江阵、车鼓弄、踩高跷、舞龙、舞狮等民俗表演，以及春仔花、竹编等许多闽南特色的传统工艺的展示和产品销售，也有炸海蛎、海蛎煎、烧肉粽、沙茶面等令人垂涎的小吃，让前来参加庙会的游客尽情享受民俗大餐。

广利庙庙会

北辰山进香请火阵头

（二）闽王民俗文化节

闽王民俗文化节农历九月初八举办，是在以往的王审知诞辰日祭祀活动的基础上提升而来的。文化节从2014年开始每年举办一次，由厦门市同安区社科联、同安区文联、同安区五显镇人民政府主办，厦门市王审知研究会承办，旨在缅怀闽王的丰功伟绩、传播闽王文化精神、增进海内外乡亲的情谊，推动民俗文化与旅游产业的结合，实现民俗文化的创新发展。

北辰山闽王民俗文化节开幕式

文化节除闽王纪念王审知诞辰祭祀大典外，还配套有闽王文化、海丝精神、农耕文化、乡村旅游等主题文化研讨会，有文艺表演，有书画展、生态产品特色展销、“闽南美食汇”美食风情展，有登高望远等休闲活动。

以下是各届举办时间和主题：

2014年12月22日，首届北辰山闽王民俗文化节，主题“开闽第一·光耀北辰”；

2015年10月20日，第二届北辰山闽王民俗文化节，主题“开闽第一·聚情四海”；

闽王文化研讨

2016 年 10 月 7 日，第三届北辰山闽王民俗文化节，主题“开闽第一·情系海丝”；

2017 年 10 月 27 日，第四届北辰山闽王民俗文化节，主题“开闽第一·惠泽民生”；

2018 年 10 月 16—17 日，第五届北辰山闽王民俗文化节，主题“弘扬开闽文化，振兴美丽乡村”。

北辰山闽王祭祀典礼

二、 泉州开闽三王祠春祭暨纪念入闽周年庆典

泉州是入闽三王最早的发祥地和根据地，也是入闽三王的主要归宿地，泉州的开元寺、承天寺、三王祠、古钱币制造遗址、聚宝街，以及王潮、王审邽墓等都是当年的历史遗迹。开闽三王的后裔有相当一部分定居于泉州地区，并由此繁衍至海内外。

始建于五代末的泉州开闽三王祠，每年都会举行纪念开闽三王入闽周年暨春祭庆典，以此缅怀三王开发福建、开启海上丝绸之路所创下的丰功伟业。庆典活动由泉州开闽三王文化保护中心举办，除了泉州及周边地区以及香港的王氏宗亲代表外，新加坡、菲律宾等国家和地区的宗亲也过来参加祭拜。

泉州开闽三王祠祭拜仪式

庆典仪式按照福建泉州传统的祭祀习俗进行。祠堂供品桌摆上三牲五谷、时鲜供品，仪式开始时，王氏裔孙代表在悠扬的古乐中缓缓入场，敬檀香、红烛、瓜果、香茶，行三叩九拜之礼，以凭吊祖先，追思历史。

纪念入闽周年庆典演出

近年来，为配合庆典活动，开闽三王祠成立了健康义诊部、开闽三王家训馆、开闽三王文化研究院等，筹备组建泉州市开闽三王文化研究会，进一步加强开闽三王文化传承发展，弘扬敦品修德、行善行义的精神。

三、福州闽王（王审知）文化旅游节

福州是五代十国时期闽国的政治、经济、文化中心，也是王审知生平居住地和死后安葬地。近年来，福州晋安区为宣扬王审

闽王（王审知）文化旅游节开幕式

知入闽开发的历史功绩，打造对台对外文化交流品牌，增加海内外华人华侨对祖地文化的认同感，利用开闽王文化资源优势举办两年一届的闽王（王审知）文化旅游节。

文化节在晋安区新店镇莲花山下闽王广场举行，由福州市对外文化交流协会、福州市文化局、福州市晋安区人民政府主办，福州市晋安闽台王审知研究会承办。每届都有来自福建、广东、浙江、台湾等地王氏宗亲和开闽始祖随行五十八姓将领的后裔共上万人参加。

闽王（王审知）文化旅游节祭祀现场

文化节上举办了闽王（王审知）祭祀大典、王审知金身巡安等主要活动，配套活动有传统民俗文艺表演（十番乐队、腰鼓队、高跷队、舞狮等）、参观展览、福州文化之旅等，活动精彩纷呈。祭祀大典一般由两岸宗亲代表任主祭官，按古礼进行，先鸣放礼炮，再盥洗上香，接着献爵奠酒、行初献礼、恭读祝文、行亚献礼、行终献礼、饮福受胙、焚帛望瘗，最后辞神，展示了

闽王（王审知）文化旅游节祭拜仪式

中华传统的祭祀礼仪。闽王（王审知）金身巡安活动一般会在下午举行，路线为：闽王纪念馆→森林公园→福飞路→南平路→金城开发区马路→省拖拉机厂→斗顶村→闽王纪念馆，巡安过程中有传统民俗游行队伍表演，还有大量香客随行，热闹非凡。以下是历届文化节情况：

2008 年 4 月 18 日，首届闽王（王审知）文化节，以祭奠闽王王审知为主题；

2010 年 4 月 23 日，第二届闽王（王审知）文化节，以“缅怀闽王历史功绩，促进两岸和平发展”为主题；

2012 年 4 月 18 日，第三届闽王（王审知）文化节暨海峡两岸共祭闽王大典，以“缅怀闽王历史功绩，促进两岸和平发展”为主题；

2014 年 4 月 18 日，第四届闽王（王审知）文化节暨两岸共祭“开闽三圣王”大典，以“两岸一家亲·共圆复兴梦”为主题；

2016 年 4 月 19 日，第五届闽王（王审知）文化旅游节暨海峡两岸共祭“开闽三王”大典，以“两岸一家亲·共圆复兴梦”为主题；

2018 年 4 月 20 日，第六届闽王（王审知）文化旅游节，以“两岸传薪火，闽王耀千秋·奋进新时代，共圆中国梦”为主题。

四、纪念八闽人祖王审知祭祀大典

纪念八闽人祖王审知祭祀大典是由福州市王审知研究会组织的春祭活动，每年的清明前后在福州闽王祠举办，至 2019 年已经举办六次。

忠懿闽王祠在很早以前就有迎春牛风俗，每年立春官员都会率百姓祭祀闽王，在碑前乞取泥土捏制春牛并抬着四处游行。晚清以后，迎春牛习俗变成抬闽王金身绕城巡安民俗活动。现举办春祭活动旨在共同缅怀闽王王审知，歌颂他的伟大功绩，进一步弘扬民族文化和传统美德。每年来自海内外的开闽王氏后裔和随王入闽的各姓氏将士后裔、受邀参加活动团体代表、文史研究专家学者等各界代表参加活动。

向闽王敬献鲜花

学生在闽王殿朗诵家训

活动伊始，学生们身着礼生、武生的传统服装，向王审知塑像行拜祭礼。随后，嘉宾列队进入闽王殿，向闽王塑像敬献鲜花。主持人宣读祭文后，全体人员双手合十，向闽王王审知塑像三鞠躬。全程简朴庄严，体现民众对闽王的崇敬之情。

五、 龙岩河源十三坊迎公太

龙岩河源十三坊迎公太是古汀州河源沿袭至今的一种虔诚的神灵信俗活动，是闽西客家乡村最隆重的迎神民俗盛事，有“天下第一神会”之美誉。明中叶迎公太开始在汀州“河源十三坊”盛行，并沿袭至今。“十三坊”为今天连城县朋口镇、宣和乡一带，这里是汀江支流旧县河源头，故宋代此区域名“河源里”。十三坊包括宣和乡八坊和朋口镇五坊。宣和乡八坊“称上河源，原归长汀管辖”，包括：吴家坊（今培田）、曹坊（分为二坊）、岗背（上曹）、科南、洋背（洋贝）、城溪、黄沙坑（黄沙）；朋口镇五坊“称下河源”，包括：马埔、文坊、洋尾坊、张家营、朋口。长汀县迎公太信俗盛行区主要为南山、涂坊、河田、三洲四镇，这也是“琀瑚公太”信仰的主要区域。

公太，称琀瑚侯王、合府公太，汀州连城一带奉之为开疆拓

◀龙岩河源十三坊迎太公

▲连城迎太公盛况

土保佑众生灵的神祀。关于玱瑚侯王的来历，说法很多。有民间传说其为青蛙精，因搭救李世民渡过乌泥河而被封为侯王，也有说是乌龟精的，所以“玱瑚”起初为“蛤蝴”二字。还有一种传说流传较广，说蛤蝴侯王是明代从泉州传入的。相传当时长汀连城一带虫涝，蛤蝴施法救济百姓，后泉州人塑像祀之。有一回当地人去泉州烧香，就把神像偷回来，在洋坊尾建了一座小庙祀之，后香客又在马埔村建了大庙。清人杨澜也说，“旧传宋里人彭某自泉州分来蛤蝴香火，乡人祈祷辄应，两邑十三坊立庙于此祀之”；而清初连城县令杜土晋《蛤蝴王考》中则记载，“按宋人佘良弼云，惟王姓王讳延钧，禀忠勇刚正之节，五代史世家章矣”。乾隆《连城县志》记载：镇川庙“在县南城外，祀蛤蝴王。宋绍兴间建。洪武间重建，崇祯末年水圮，顺治七年士民复建，后圮，乾隆十五年士民重建”。说明宋代已有蛤蝴王信仰。据此，有人推断蛤蝴王是王延钧，有人则说是王延禀。清中后期，人们认为王延钧淫虐无道，不应庙祀。道光年间，佛谷先生经过考究认为玱瑚王应是王审知。培田人吴泰钧（佛谷先生师侄）以问神的方式得到一个结果：王乃六朝人，曾扶高祖刘裕于洞庭湖，以功封闽王，但此说法得不到老百姓认可。如今，当地人已坚信玱瑚侯王就是王审知，也证明王审知在福建人们心目中的崇高地位。

迎公太每年农历二月初二举行，采用较为独特的“逐年流坊”轮祀制度，即公太由十三个村社轮流承奉值祀，一年一村社，十三年一轮回。连城文亨的湖峰、莒溪的璧洲、长汀县的钟屋村等邻近乡村也参加十三坊的祭祀庙会。整个庙会有以下几个环节：

参公太：即将轮到“入公太”的村落，需在前一年农历八月十五号召整个村落每家每户扛上彩旗，备上装有祭祀品的花轿、神铳、礼炮车、腰鼓队等，一路浩浩荡荡到朋口玱瑚庙去向公太

（另一尊常年供奉铜像）参拜，预约来年的正式祭祀。

出公太（入庙）：原奉祀的乡村每年农历二月初一要把玱瑚公太送回朋口蛤瑚庙，二月初二让所有的信众去顶礼膜拜，预备让新奉祀的村落接任。

入公太（出庙）：二月初三或初四，新接任奉祀的村落备上花轿、彩旗、祭品、仪仗去迎接玱瑚公太，一路礼炮车、神铳队鸣炮开路，所过之处家家户户尽鸣烟花助阵，非常热闹。入公太前后几天，村落会请戏班唱戏和招待客人。入公太之年，村落里的男女均应避开婚姻大事，并且在入公太前后年元宵节举行盛大的灯会。

承公太：值祀村落将公太迎进村后，就按抽签先后顺序到每家承奉。承奉日称为“守火日”。守火日有接火、游公太、交火等敬神活动。承奉的日子村民会请大戏供奉公太及宴请自家亲朋好友。每户承奉公太的天数根据人口和户数决定，共承奉满一年。

近代，随着人口增长，原河源十三村社的轮祀已难于满足广大信众要求，于是众村落再塑一尊公太神像。原来神像称为旧公太，新塑神像称为新公太。旧公太存于连城县朋口玱瑚庙，新公太存于长汀县汀州闽王庙。两处公太庙宇成为连城县和长汀县公太信仰区域中心。

六、　永安开闽三王入闽周年庆典暨开闽显太始祖妣徐氏王母河涧夫人墓秋祭仪式

永安是入闽三王的母亲徐氏的安息地。当年，王氏兄弟携母随军，因王绪欲杀军中老弱以减轻负担，王氏兄弟被迫发起竹林兵变。但军队北上至永安地界时，母亲却因病去世，埋葬于青水畲族乡龙吴光坑，后王氏裔孙每年都会祭拜开闽显太始祖妣徐氏王母河涧夫人墓，并立“罗兜祠”祀河涧夫人和开闽三王——广武王王潮公、武肃王审邽公、忠懿王审知公，从此春秋二祭，经

年不绝。原先祭祀活动都选在凌晨，这是因为当年徐氏逝世与入穴都发生在凌晨。

现每年农历八月初十是“徐氏夫人墓”秋祭的日子，闽王后裔会聚集在永安，举行开闽三王入闽周年庆典暨开闽显太始祖妣

永安开闽三王八闽周年庆典现场

徐氏王母河涧夫人墓秋祭仪式

徐氏王母河涧夫人墓秋祭仪式。一般是下午开始扫墓，晚上海内外王氏裔孙代表汇聚在罗兜祠举行祭祀。仪式按照传统的祭祀习俗，在一片庄重肃穆的气氛中进行。先将三牲五谷、时鲜贡品敬献于供品桌上，悠扬的乐曲响起，裔孙向先祖徐母暨开闽始祖三王敬献贡品，行三叩九拜之礼，以表虔诚和感恩之心，凭吊先祖，追思历史，让梅香万里，福泽万方。

第七章 文化价值与传承保护

王审知信俗有着重要的历史、文化价值。2009 年 6 月，北辰山开闽王信俗被列入第二批厦门市非物质文化遗产代表性项目名录。2017 年 1 月，王审知信俗被列入第五批福建省非物质文化遗产代表性项目名录。随着新时代的发展，其保护和传承是十分紧迫的工作。

第一节 历史定位

在王审知之前，闽地只有局部零星地方被开辟，王审知重辟闽疆则是席卷闽中大地、囊括全部领域的社会大发展。王氏兄弟入闽建立政权，采取了一系列有利于经济、贸易、文化、外交发展的政策和措施，广施德政，治发闽疆，使“蛮荒海辙”变成“海滨邹鲁”。五代十国时期，其他地方尚在战乱之中，福建却是“千家灯火读书夜，万里桑麻商旅途”，一派繁荣景象。

一、 闽文化的播种人和创始者

闽文化，是中华文化大家庭中一种具有鲜明特色的地区性文化。而开闽王王审知则是闽文化发展史上承前启后的伟人。魏晋以来，中原人不断地进入福建，闽地从原始的“绿色”古闽越文

化逐步向“黄色”农耕文化转变。而三王入闽，更是全方位带来中原文明。同时，王审知开创农和海的融合发展，为福建从农耕文化走向“蓝色”的海洋文化打下坚实的基础，使海洋文化成为福建文化，特别是闽南文化最显著的特质。王审知播下了文化的种子，使闽文化在宋朝迎来光辉灿烂的时期，并在明清以后不断向外传播，逐渐开花结果。

（一）五代前的闽地文化

闽远古时被称为蛮荒之地、蛇豕之区。春秋末，楚灭越国，越王勾践的后裔移居今福建境内，自称为闽越王，开始开发闽地。秦始皇统一天下后在闽越故地设立闽中郡，降闽越王为君长。汉高祖称帝后，重新立无诸为闽越王。汉武帝时期，闽越经常发生叛乱，汉武帝因此强制将民众迁徙至江淮之间，闽地于是

最早入闽八族族谱

荒虚，几乎无人居住。东汉开始逐渐有汉人南下迁入，但是据《晋书·地理志》记载，西晋太康初年闽地的建安、晋安两郡合计不过八千六百户左右。

两晋之交，北方移民大举南下，即有所谓“衣冠南渡、八姓入闽”，本属中原大族的林姓、黄姓、陈姓、郑姓、詹姓、邱姓、何姓、胡姓避祸迁居福建。但据考证，当时入闽的多是来自长江流域的平民，且数量有限，是后世冒称中原贵胄。经过南北朝，直至隋大业五年（609 年）闽地的居民也不过一万两千户。

唐总章二年（669 年），泉潮间蛮獠反，唐高宗下诏命陈政为岭南行军总管事，率领 3600 名府兵、123 员战将，从河南固始县南下，顺着淮河进入大运河，从浙江由仙霞岭入闽平乱。陈政军直抵九龙山地界（今华安县），由于众寡悬殊，陷入困境。总章三年（670 年），陈政的两位胞兄率领府兵及军眷 5000 多人“尽室南来”。行军途中，两位兄长相继病逝，随行的 75 岁高龄的母亲魏太夫人毅然领军与陈政会合，取得平乱的决定性胜利。仪凤二年（677 年），陈政在云霄去世，21 岁的陈元光子承父业，继续带领陈家军开发南蛮之地。两年后，武则天批准在泉州、潮州之间设置漳州，郡治位于云霄，陈元光被任命首任刺史。他和后代戍闽开漳，奖农助耕，惠工通商，兴学办校，传播中原文化，加速了东南边陲人类社会的历史发展进程。

唐开元二十一年（733 年），朝廷从福州、建州各取一字，设福建经略使（军区长官职），这是“福建”名称的第一次出现。随后唐代相继设置福、建、泉、漳、汀五州，至代宗大历六年（771 年）正式成立福建观察使，即地方最高长官，形成颇具规模的行省雏形。在唐代近三百年间，福建的经济文化得到了一定的发展，但当时闽地属于中原文化的边缘地带，儒家文化还不像中原地区那样普遍、深刻，更多的是以宗教文化为主的本土文化。

（二）奠定闽文化基础

王审知在位时期是闽地的黄金时代。他采取保境息民的立国方针，对外与邻邦和平相处，对内则勤修政事。当时中原四分五裂，战乱不断，而闽国却成为安定的绿洲，堪称世外桃源。一方面，王氏兄弟入闽为中原文化的传播提供了必要条件，促进闽地文化新旧更替和创新；另一方面，稳定的政治环境对文化的传承、发展提供了保证，促进地僻一隅的闽国文化逐渐兴盛；王审知致力于发展经济，在拓展水陆交通，扩大内外贸易、鼓励农业生产、大力发展手工业和商业等方面做出了很大贡献。王闽政权

青龙白虎朱雀玄武陶器

人鱼踊

也从中获得巨额的财政收入，为闽文化的发展提供了足够的物质基础。王审知极为重视文化教育，大力延揽各方人才，以致教育较为普及，府有府学，县有县学，乡僻村间设有私塾。宗教在福建极为兴盛，传播速度极快，对闽文化产生了深远的影响。

移民运动在本质上是一种文化的迁移。中原文化长时间、多批次进入福建，内容之丰富，是其他地方所罕见的。且闽地较封闭，中原文化进入后又被隔绝，因此显示出寄居性质，难以一统闽地文化。王氏兄弟秉承中原文化来到福建，通过对闽地的治理、开发，促进闽地社会经济的发展，使闽成为成熟的行政区域，也使闽文化成为有别于其他区域的，相对独立的地方文化。

福州风貌图

闽地的各个区域都具有各自的特点，其差异也是在这一时期形成的。如闽东地区形成了江营文化，人们勤勉笃厚；闽西地区则形成了移垦文化，人们纯朴好客；闽南地区有海洋文化，人们热情豪爽；闽北地区则有山耕文化，人们安分吃苦。

闽文化在宋元明清等时期得到大发展，其文化雏形和基础形成是王审知执政时期打下的。例如方言，福建是全国汉语方言的缩影，在全国八大汉语方言中，福建就有闽南方言、客家方言、闽东方言三种，被称为“唐音”。王审知时期，不同方言的族群在闽地逐渐形成，至宋成熟定型，至明清随移民向外传播。在宗教民俗方面，王审知崇佛，修复兴建 267 座佛寺。福建佛教的兴盛，可以说是从王审知开始的。他还奏表敕封本土神，其间诞生的临水夫人陈靖姑（905—928）被赐为“三下十六婆宫”。在人才教育方面，王审知设招贤馆，建“四门学”，使福建落后的教育事业得到大大的提高和发展。在文学艺术方面，闽国史称“八闽文学之盛，为十国之冠”，鲜明的艺术色彩也是当时形成的。其中，音乐活化石南音就源于王氏兄弟率军入闽时带来的唐代“大曲”，现被奉为南音祖师的即是十国中的后蜀皇帝孟昶。

（三）揭开闽学盛行序幕

由于王氏兄弟入闽，福建在五代十国时未受大的灾祸，至宋代政治、经济、文化中心转向东南。北宋时期福建行政区划有福、建、泉、漳、汀、南剑六州，邵武、兴化二军，北宋元丰年间户数居全国第八位。南宋时期设一府、五州、二军，共八个行政机构，故福建号称“八闽”，南宋嘉定年间户数仅次于江西和两浙，居第三位。

宋代福建经济飞跃，文化繁荣。北宋时期，闽学逐步萌芽，南宋时期朱熹思想形成，闽学成熟发展，形成全国性的，为中国封建社会的正统思想的福建理学，至清代福建理学更为盛行。在宋代，福建的进士居于全国之首，北宋为 2503 人，南宋时期为 3482 人。福建人位居宰辅之职的有 18 人，名列全国第三。《宋史》列传中载入的福建人有 17 人，位居全国之首。此外，在王审知的大力宣扬下，福建成为全国重要的佛国，一些民间信仰开始盛行，临水夫人、天上圣母、保生大帝由人逐渐演化为神，呈现出旺盛的生命力，对闽文化产生了深远的影响。

福建背山靠海，向内陆拓展困难，因此福建人转向海外延伸，以求发展，故有“门字里面是条虫，跳出门外便成龙”之说。王审知所散播的闽文化的种子，不但在八闽大地开花结果，而且开始传往台湾和海外的华人社会之中，成为世界性的文化。在海外，祖籍福建的华侨、外籍华人有 800 多万人，分布全世界五大洲 100 多个国家和地区，其中约 90％居住在东南亚；在台湾，有 80％人祖籍福建。

二、 海上丝绸之路的开拓人和奠基者

王审知执政期是福建海外交通贸易史上的重大转型期。王审知致力于发展海上交通贸易，成为海上丝绸之路最早的开拓者之一，为泉州、福州成为我国“海上丝绸之路”的重要起点城市奠定坚实的基础。之所以说王审知时代是福建海外交通贸易发展历程中的重大转型期，一方面是由于军阀割据导致海外商品流通渠道阻断，促使地方统治者转而致力于开展对外的直接贸易，特别是闽地多山的地理环境，促使福建不得不走上海上交通贸易之路；另一方面，王氏兄弟对海外贸易采取鼓励政策，为后来海外贸易的极盛奠定了基础，催生了海商阶层，引发社会观念形态从内陆走向海洋的新变化。

海丝之路，引领农耕文化走向海洋发展道路，促进福建（特别是闽南）经济文化的转型发展。如泉州地区，为了满足泉绢、葛布、青瓷、茶业、糖等大宗商品外销需要，王延彬在晋江上源归德场（今德化县）山区和木兰溪流域下游的莆田县种植桑麻，发展纺织业；在小溪场（今安溪县），开始种植茶叶，发展制茶业；在同安等地种植甘蔗、龙眼，发展制糖业。这些农作物生产，已不是为了满足口粮需求，而是为了贸易出口需要，传统农耕已发生了性质上变化。其时，泉州制造青瓷也是主要外销产品。王延彬曾派其部属李文兴前往安海湾北岸建瓷窑，所制成品，即就近装船外销。

（一）泉州港

关于泉州早期的海外交通贸易的文献记载很少，实际上是闽国时代才迅速发展起来的，这是宋代海外贸易大踏步快速发展的奠基阶段。

王氏兄弟入闽后首先占据泉州，王潮统治泉州七年间（886—892），“招怀离散，均赋缮兵”，又“兴义学，创子城，罢役宽征，保境息民，泉人德之”。王审邽接任泉州刺史后（893—905），“居郡十二载，勤勉为牧，俭约爱民，童蒙诱掖，学校兴举，制度维新，足食足兵”。

对泉州海外贸易发展做出了突出贡献的应该是王延彬。他是王审知“招来海中蛮夷商贾”，“尽去繁苛，纵其交易”的海外贸易政策的忠实执行者。在其任内，“岁屡丰登，复多发蛮舶，以资公用，惊涛狂飙，无有失坏，郡人藉之为利，号‘招宝侍郎’”。让人惊叹的是，他派发了许多船舶到海外开展贸易活动，26年间居然无一损失，说明当时泉州的造船与航海技术已臻于成熟。

约在天祐初年（904年），为加强对海洋贸易的管理和保护，王延彬在其衙门内设置了海路都指挥使和榷利苑使两个专任官吏。海路都指挥使主管保护海上航道的安全事宜，榷利苑使则负

丝绸画《刺桐古港》

责主持海上贸易业的运作。传说泉州聚宝街一带自五代始就已成货场。“异货禁物堆积如山”，“市井十洲人”。如果没有王延彬开辟泉州港，以及后来留从效、陈洪进支持海外交通的持续发展，很难想象在宋朝会出现那么活跃的海上交易。

进入宋代，泉州成为宋朝三大对外贸易主港（广州、宁波、泉州）之一。正是这一南北两面辐射的地理优势，使得泉州在设立市舶司（1087 年）正式开港后，先迅速超越明州港（宁波），后追平广州，并在南宋晚期反超，成为第一大港。梯航万国、潮声起伏的刺桐古港，誉载的是东方第一大港的声誉与辉煌。早在1000 年前，泉州就已经是一个国际化城市，万邦来贸，蔚为壮观。

（二）福州港

福州“海上丝绸之路”始于汉代，盛于唐五代。福州当地少数民族很早就以舟为居，以楫为马，以海为田。汉朝开辟了东冶港，是福建最大的对外交通口岸。及至唐代，东冶改称福州，福州港与广州、扬州并列为唐代三大贸易港口，唐大和年间（827—835）专门设置市舶机构，其地位更加重要。

五代王审知治闽时，因朝贡需要开辟了自福州—温州—台州—明州—登莱的近海航行路线。当时福州港是海外诸国朝贡路线上不可或缺的一站，三佛齐（当时东南亚强国，在今苏门答腊岛东南）、新罗、占城、琉球等国家都取道福州前往中原进贡朝廷。为加强对福州海外贸易的管理，王审知在闽地设置管理机构“节度观察使”“榷货务”“巡检司”“市舶司”等机构。还开辟甘棠港，海上贸易进一步发展扩大。当时北上航线经东海海域到达日本、新罗（朝鲜半岛历史上的国家之一）、高丽（朝鲜半岛古代国家之一）等国；南下航线经南海海域到达占城（今越南）、三佛齐、印度、大食（阿拉伯帝国）等国。王审知政权通过福州

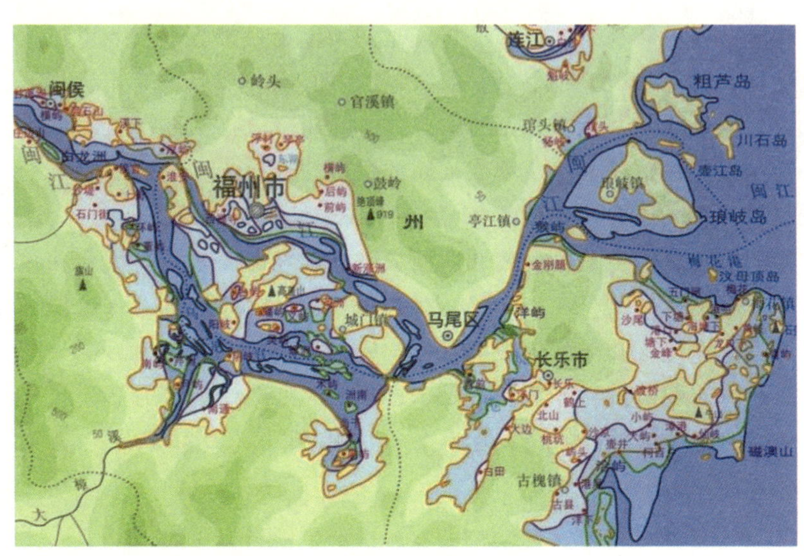

福州闽江古水道

港获得香料、象牙、檀香、犀角、胡椒、珍珠、玳瑁、水晶等货物，并将丝绸、茶叶、纸、瓷器等外销。印度、高丽、日本等国僧人也以福州为中转站，到中国学习交流佛学。福州港海船巨舶乘潮进出，商贾云集，络绎不绝，呈现出“万国之梯航竞集”的盛况。现邢港古航道、邢港古渡、闽安东岐古渡、淮安窑古渡等海外贸易通道，课税司旧址及迴龙桥，陶瓷产地怀安窑遗址，以及淮安古街官道遗址等文物史迹，都见证了王审知开辟海上丝绸之路的功绩。

宋元时期，泉州港突显，福州亦是“百货随潮船入市，万家沽酒户垂帘”的重要贸易港口城市，福州已成为“海上丝绸之路”贸易中丝绸的主产地之一。至明清及近现代，福州港也一直是我国重要港口。

第二节　当代价值

回眸历史，面向未来。在福建历史长河中，开闽王文化是当代闽文化的根基和重要组成部分。信仰文化、人缘文化是开闽王文化的主要内容，人缘与神缘紧密结合是其鲜明特色，而“护国安民”是开闽王文化的核心价值。时至今日，王审知信俗在福建乃至台湾地区和海外华人聚集区都具有广泛的群众基础，在当代仍然具有积极的文化与社会价值。

一、赋存宝贵的精神含义，有利于促进社会和谐与团结稳定

开闽王是历史对王审知的定位，也是福建人对其作为开闽始祖的认同。百姓出于对王审知的崇拜和感恩，逐步将其神化，并通过定期的祭祀活动以及日常生活中的祭拜活动，使之成为民间社会较为普遍认同和崇拜的精神偶像，成为福建人共同社会身份认同的重要标志。

护国安民的大爱精神是开闽王文化的精粹，是植根于中国传统文化土壤中的一枝奇葩。王审知以其雄才大略，领导中原移民和闽地民众同舟共济，艰苦创业，使闽地蛮荒之地成为中华大地富饶一邦。王审知为国建功无私无畏，为民造福尽心尽力。他锐意开拓的民族情怀、清廉为政的崇高品德、都是当代中华民族复兴的宝贵财富。

有功于国家和人民的先贤永远得到人们的崇敬与感恩。王审知开闽功勋卓著，被感恩戴德的民众崇敬朝拜，以英雄人物和庇护百姓的形象立庙供奉，成为福建人的“共祖”“共神”，这种与文化精神、神格魅力相结合的信俗代代相传延续至今，给后人一种潜移默化的教育。

金门闽王文化座谈会

重建广利庙碑

二、 蕴藏丰富的文化资源，有利于推动文化传承创新和旅游经济发展

王审知信俗起源于福建，经过不断地传播，在全世界范围内获得了认可，是民族文化的象征。它原本就是民间的一种自发的信仰，体系庞大、内涵丰富，具有很多的民俗特征，是中华文化多元化的体现。它产生于中国历史上，特别是福建历史上的重要阶段，承载了丰富的福建历史传统文化，诸多相关历史遗迹被列入文物保护单位或非物质文化遗产代表性项目名录。

王审知信俗作为具有鲜明特色的本土文化，是一种重要的地方文化资源，是推进福建旅游业发展的重要支撑点，需加以发掘，保护与开发。福州的闽王旅游线路、厦门同安北辰山开闽王文化旅游等项目已逐渐成熟，泉州、龙岩、三明、建阳等地相关资源的挖掘和利用也得到各地政府的重视。

在共同的信仰体系内，信众在共同认可的伦理习俗和道德义务的基础上相互信任，这种特征在今天的市场经济运作中具有不可估量的价值。可以说，闽王文化也是闽商文化的基础和精髓，能够对现代社会市场经济体系产生很大的影响。

三、 搭建海内外文化交流平台，有利于维护两岸统一，增进海丝沿线国家之间的交流

福建经过王审知的治理，又在宋元两朝得到进一步繁荣，成为全国经济文化重要地区。明清后，福建人开始大量向我国大陆的沿海地区、台湾地区以及东南亚、日本等国移民，王审知信俗的足迹也随之遍及各地。现在台湾的2300多万人口中，80％以上是福建先民的后裔，很大部分是随王审知入闽的将士后裔，仅王审知后裔一族就有近50万人。

王审知信俗在海峡两岸及世界华人间维系着相互认同的神缘关系，在实践的层面上具有卫国、统一、和平、和谐、发展的启

◀厦门与金门共祀开闽王

◀泉州闽王出巡台湾

◀金门交流

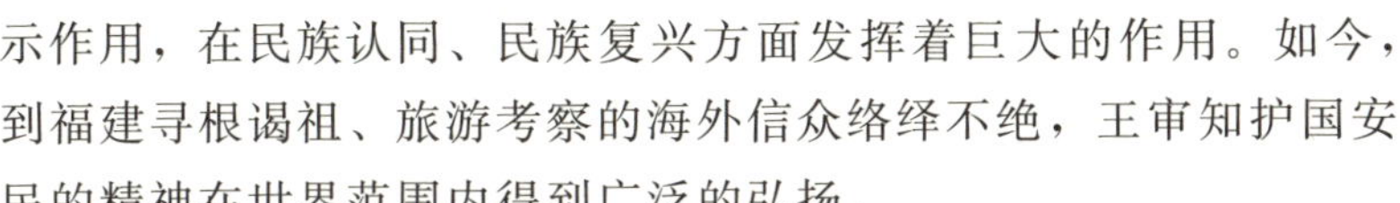

示作用，在民族认同、民族复兴方面发挥着巨大的作用。如今，到福建寻根谒祖、旅游考察的海外信众络绎不绝，王审知护国安民的精神在世界范围内得到广泛的弘扬。

王审知开拓海上丝绸之路，将中华文明传播海外，其信仰也随着商人和移民扎根华人社区。对信奉者而言，王审知既是神祇，又是民族文化的象征。虽然遍布世界的华人大部分已加入侨居国的国籍，但其民族性并没有因国籍的变化而消失，中华传统文化仍是华人社会的黏合剂。王审知信俗文化构成了华人社区和华人族群的精神核心，也是他们齐心协力、共同打拼的精神支柱。

海外信众在永安联谊研讨

第三节 传承发展

将王审知信俗纳入非物质文化遗产代表性项目名录，在非遗视野下审视其形态、属性、价值，从历史客观的角度和社会进步的立场探讨其传承发展，是使之回归本位，日益兴盛的新途径。

一、 注重引导，依法保护

王审知信俗是传统文化的一部分，是福建民俗文化的重要内容。要转变观念，不能简单将其当作要扫除的“封建迷信”，而应该在文化层面上努力挖掘其蕴含的优秀传统文化资源，继承和弘扬其中符合社会进步、时代要求的内容，发挥其在弘扬社会价值观、丰富群众精神文化生活、投身公益慈善事业、增加文化认同等方面的积极作用，引导其兴利除弊、移风易俗、改革创新。要按照法律思维、法治手段开展相关的保护工作，坚持“尊重现实、把握特点、群众主体、规范管理”的原则，尊重信众的信仰和风俗习惯，切实保障其合法权益。要引导信众增强国家意识、法治意识、社会责任意识，自觉在政策法律允许的范围内开展活动，杜绝铺张浪费，抵制违法活动。

二、 建立机制，完善制度

王审知信仰作为一种民间信俗，具有民俗性、自发性、功利性、复杂性、区域性等特征，须有一套行之有效的工作机制和科学的管理制度。要指导建立民主管理组织，组建管理班子，可设立王审知宫庙管理委员会，负责宫庙日常管理和发展工作。建立王审知信俗的传习机构，开展王审知信俗的保护与传承。建立开闽王文化研究会，开展相关的闽文化研究。建立专项基金，为王审知信俗的保护提供保障。要制定和落实日常管理、财务管理、保护传承等各项制度，明确管理责任人，并公开公示，接受群众监督。

三、 挖掘资源，合理利用

王审知信仰蕴含着丰富的内涵和精神，是福建一笔宝贵的文化遗产。要彻底摸清各地王审知信俗的相关遗存古迹，所涉及的石刻、匾额、对联、历史档案等原始资料要加强保护，相关的实

▲广利庙民俗活动

▲闽王研讨会会场

▶王审知墓列为文物保护单位

物、影像资料、声音记录、建筑物和传习所等设施要加强保护建设。对信仰习俗的历史沿革、流传途径，以及信众数量，对民众社会心理的影响程度，对与王审知信仰有关的各香会及村落人文资料和分宫情况进行普查，加以科学分类及系统整理，用文字、录音、录像、数字化多媒体等各种方式进行全面的记录，建立相应的数据库，保护王审知祭典的相关仪式、传说、民俗活动等。

上渡闽王庙明代壁画

四、 融入现代，活态传承

王审知信俗是以崇奉和颂扬王审知的大爱精神为核心，以信众为载体，以特定习俗和庙会为表现形式的民俗文化，在全球化大趋势下，同样面临与时代相结合，与生活相融合的问题。要以社会主义核心价值观为引领，扬弃地予以继承，赋予其时代发展的新元素。王审知信仰的习俗、礼仪通过集体传承，而与之相关的舞蹈、音乐、技艺等是通过师带徒方式传承的。新时代有新的文化诉求，这就要求我们将它融入生活，用多样化的方式来传承

连城家家喜迎公太

车鼓弄阵头

宋江阵

客家艺阵表演

发展，使之在现代生活中不断嬗变、演进。

五、 构建平台，促进交流

王审知信俗作为海内外文化交流的纽带和重要载体，是台胞、侨胞与祖地根脉相连的历史见证。它是福建文化中的活性因子，是弘扬福建精神的重要平台。应以王审知信俗为文化纽带，积极开展共同祭祖、谒祖进香等活动，进行村镇、祠堂、宫庙、团体的“点对点”对接，拓展民间交流往来，联合举办开闽王文

福州闽王金身金门巡安（1）

化节民俗节庆活动，培植人脉，推动社会人文的深度融合。要努力增加各宫庙、各研究学术机构之间的联系，结成友好对子，提升对王审知的文化认同感，增强民族凝聚力，助推海峡两岸合作和“一带一路”建设。

福州闽王金身金门巡安（2）

六、 结合旅游，谋划产业

王审知信俗作为福建的历史遗存，是文化产业发展的一项宝贵的资源，应结合旅游产业，高起点、高标准地谋发展。厦门市在风景名胜区——北辰山建设了王审知文化公园，包含王审知文化广场、王审知露天雕像、闽王文化展览馆，充分发挥王审知信俗的文化底蕴和自然景观优势，使其成为集信俗朝圣、文化交流、旅游观光、购物休闲为一体的文化产业发展示范园区。福州开发了王审知文化旅游线路，通过游览闽王庙、闽王祠，欣赏一“山”（鼓山涌泉寺）一“水”（西湖）、“三山两塔”等王审知留下的古迹，使人们增加对开闽王王审知以及闽都文化的认知。其

他地市也应积极整合利用王审知文化资源，打造具有特色的文化旅游品牌，从而推广民间传统工艺、传统物产，带动旅游、交通、餐饮、娱乐等相关产业的发展。

小朋友参加闽王民俗文化节

附　录

1. 碑文导引

《恩赐琅琊郡王德政碑》

唐天祐三年（906 年）哀帝李柷敕立，银青光禄大夫、行尚书礼部侍郎、上柱国臣于兢奉敕撰，将仕郎，前守京兆雩府县、直弘文馆王倜书。

碑碳质黑色页岩，圭形，高 5 米，宽 1.87 米，厚 0.29 米，下有白花岗岩椭圆形覆莲座。叙述王审知家世及其治闽政治、军事、经济、文化等政绩。位于福州市庆城路闽王祠内，1961 年公布为省级文物保护单位。

《唐故威武军节度使守中书令闽王墓志》

五代后唐同光四年（926 年）立，长兴三年（932 年）迁葬莲花峰。福建管内盐铁发运副使、太中大夫、守右谏议大夫、柱国、赐紫金鱼袋翁承赞撰文、篆额，将仕郎前守河南府文学王倓书并篆盖，节度衙前虞侯林欢镌字。

碑黑色页岩质，长 146 厘米，宽 121 厘米，盖厚 14 厘米，底厚 19 厘米。志文 3265 字，在文末左下角为迁葬时补刻的纪事，计 52 字。

1982 年重修闽王王审知坟墓时发现，现藏福州市闽王祠内。

另有《琅琊郡王王审知神道碑》碑文记载于《忠懿王氏族谱》，与之有差异。

闽王庙附属碑刻文物牌

《梁魏国尚贤夫人墓志铭》

闽王王审知妻子任氏的墓志铭，长兴三年（932 年）和王审知一起从怀贤里迁葬，翁承赞撰、书兼篆额。

明墓志为黑色页岩质，高 199 厘米，宽 102 厘米，厚 15 厘米，铭文 1934 字。

1980 年，文物管理委员会在清理王审知夫妇墓发掘出土，现存于闽王祠内。

《重修忠懿王庙碑铭》

宋开宝七年（974 年），福州刺史钱昱承吴越王钱弘俶之命重修忠懿王庙立碑。宋开宝九年（976 年），钱昱撰文，摄闽县丞、将仕郎、试太子校书林操书。

碑黑色页岩质，方首抹角，高 4.2 米，宽 1.7 米，下承龟趺。记载王审知世系和一生功绩以及吴越重修闽王府第和改为庙祀的经过。

碑于民国间断裂，少部分文字失落，现镶嵌于闽王祠北墙，1961 年公布为省级文物闽王德政碑的附属文物。

《十国春秋》也按注并收录有钱昱《忠懿王庙碑》碑文。

《唐故燕国明惠夫人彭城刘氏墓志》

南平王之女、王延钧之妻刘华的墓志，长兴元年（930 年）立。威武军节度掌书记、检校右散骑常侍兼御史大夫、赐紫金鱼袋郑昌士撰，承议郎、检校尚书、水部郎中、赐紫金鱼袋王倓书并篆额，威武军节度衙前虞侯林欢镌字。

碑黑色页岩质，方首抹角，高 1.48 米，宽 0.94 米。字 40 行，每行 56 个字。1965 年在莲花峰发掘五代闽刘华墓时出土。

2. 北辰山祭祀开闽王仪式

时间：二〇一六年十月八日，岁次丙申年九月初八日

地点：北辰山广利庙

主持人：王培基

东赞：王双喜、王国良、王老英

西赞：王坊添、王礼聪、王亚国

主持人唱：二〇一六年十月八日岁次丙申年九月初八日，海内外王氏区裔孙祭祀开闽先祖庆典开始。鸣炮。

执事者各司其位（焚香）。

序号	东赞朗词	西赞朗词
1	启鼓三通，金鼓鸣山川拱秀	鸣锣三声，玉缶响日月齐辉
2	主祭者就位	陪祭者就位
3	主祭者披红	陪祭者披红
4	主祭者请诣盥洗	陪祭者请诣盥洗
5	主祭者、陪祭者复位	全体参拜者跪
6	一上清香飘九霄	一献清香通天界
7	二上清香高祖德	二献清香颂宗功
8	三上清香人丁旺	三献清香子孙贤
9	初献礼，行一叩首	二行叩首
10	三行叩首	再行叩首
11	大乐暂停	全体参拜者俯伏
12	祝生就位	读祝生披红
13	启读祝文	读毕，读祝生离位
14	全体参拜者，兴	大乐再秦

（续表）

序号	东赞朗词	西赞朗词
15	亚献礼，行一叩首	二行叩首
16	三行叩首	再行叩首
17	大乐停，奏细乐	进上祭盘
18	进，一进玉液长生香	献，玉液灌茅千枝秀
19	进，再进玉液枝叶茂	献，再灌茅草万木荣
20	进，三进美酒花果丰	献，三灌茅草满堂红
21	进，福星高照（猪头）	献，福禄全寿（猪头）
22	进，水梭穿江（鱼）	献，龙门戏水（鱼）
23	进，天天向上（糕）	献，日日高升（糕）
24	进，饴枣香酥（炸枣）	献，含饴弄孙（炸枣）
25	进，家家团圆（红丸）	献，团结辉煌（红丸）
26	进，吉祥如意（红橘）	献，荣华富贵（红橘）
27	进，龙井雀舌（茶）	献，满口生香（茶）
28	进，武夷佳茗（茶）	献，甘露千秋（茶）
29	进，翠叶腾水（茶）	献，光照玉杯（茶）
30	进，红灯添财（红灯）	献，裔孙宏达
31	金帛元宝（金帛）	献，玉佩珠玑（金帛）
32	祭献礼满	全体参拜者，兴
33	全体参拜者叩首	二叩首
34	三叩首	再叩首
35	焚烧祝文，金帛，奏大乐	祭祖礼成全体参拜者离位
36	鸣放礼炮	鸣放烟火
37	祭祀功满礼成	祭祀功满礼成
38	来宾及宗亲拜祖开始	来宾及宗亲拜祖开始

北辰山闽王祭典主持人

北辰山闽王祭典

3. 北辰山开闽先祖祭祖祝祷文

维

公元二〇一六年十月八日岁次丙申年九月初八，开闽王氏裔孙主祭王文兴、王水彰，陪祭王锐波、王水昌、王振权、王朝固暨海内外王氏裔孙谨具鲜花、俎豆、牲牷、时馐、瓜菜、金帛之仪，致祭于吾开闽先祖灵前，曰：

乾坤初奠兮万物始创　木本水源兮根基匪常
周代灵王兮太子乔公　仁贤睿智兮谏疏治洪
受黜为民兮开族立宗　中华王氏兮自斯相传
太原琅琊兮世代精良　绵由远裔兮淮水流长
盛矣王族兮叶茂枝荣　河南光州兮固始恁公
毓子俊彦兮伟哉三龙　文韬武略兮器宇恢宏
扶母蜻闽兮拓土开疆　军次北辰兮拜剑藩封
挥师泉郡兮除暴安良　榕城立国兮八闽归从
施仁布德兮惠泽四方　为民立极兮振兴闽邦
开闽第一兮史无双望　轻徭薄赋兮教织农桑
兴修水利兮业盛粮丰　招贤纳士兮四门学风
发展经济兮国力加强　国泰民安兮列国崇仰
海交互利兮辟港甘棠　敦亲睦邻兮仁德布宏
保境息民兮伟业丰功　忠孝廉节兮兄弟同隆
常棣联辉兮万古流芳　海滨邹鲁兮十国之光
时值盛世兮改革开放　报本思源兮敬祖敦宗
孝思长存兮桂馥兰香　克绳祖武兮宗德宏扬
佑我族祉兮衍庆斯螽　励精为理兮兴行敬让

光前裕后兮德业永宏　支支发达兮代代祯祥
薄奠牲醴兮俎豆馨香　伏祈德泽兮祚胤攸昌
伏维　　　　　　　　　　尚飨

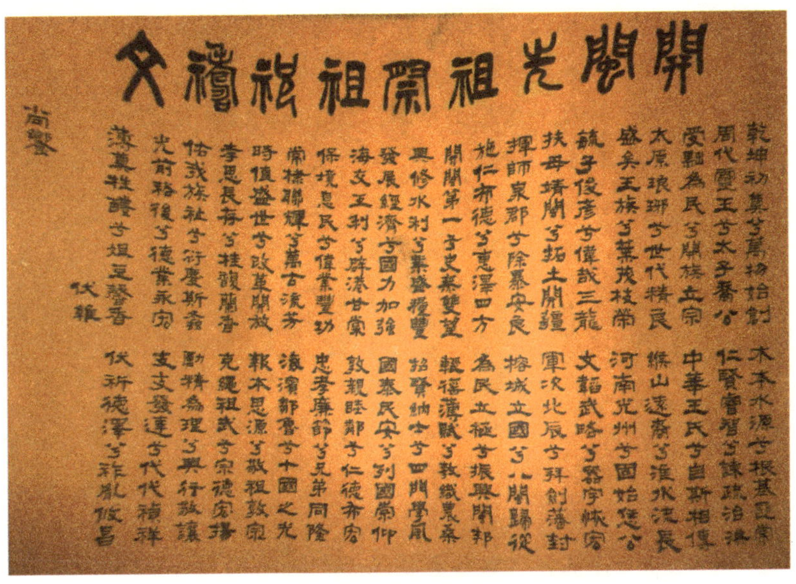

開閩光祖閩祖祠禱文

乾坤初奠兮萬物始創　木本水源兮根基遐宗
周代靈王兮太子晉公　仁賢睿智兮諫政治洪
受黜為民兮開族立宗　中華王氏兮自斯相傳
太原琅琊兮世代精良　緱山遠裔兮淮水流長
盛矣王族兮葉茂枝榮　河南光州兮固始徙公
毓子俊彥兮偉哉三龍　文韜武略兮器宇恢宏
扶母靖閩兮拓土開疆　軍次北辰兮拜劍落封
揮師泉郡兮除暴安良　據城立國兮八閩歸從
施仁布德兮惠澤四方　為民立極兮振興閩邦
閩開第一兮史乘雙望　輕徭薄賦兮教織農桑
興修水利兮業盛穫豐　招賢納士兮四門學風
發展經濟兮國力加強　國泰民安兮列國常仰
海交互利兮闢港甘棠　敦親睦鄰兮仁德布宏
保境息民兮偉業豐功　忠孝廉節兮兄弟同隆
棠棣聯輝兮萬古流芳　海濱鄒魯兮十國之光
時值盛世兮改革開放　報本思源兮敬祖敦宗
孝思長存兮桂馥蘭香　克繩祖武兮宗德宏揚
佑我族祉兮衍慶斯鑫　勵精為理兮興行敦讓
光前裕後兮德業永宏　支支發達兮代代禎祥
薄奠牲醴兮俎豆馨香　伏祈德澤兮祚胤攸昌
伏維　尚饗

祭　文

4. 闽王祠春祭祭文

时维公元二〇一六年四月九日（农历三月初三），王审知开闽 1123 周年。各地王氏宗亲、随王入闽各姓氏后裔、各界代表，肃立闽王殿前，恭祭八闽人祖，其辞曰：

闽山苍苍，万物滋荣，金声振玉，气肃天朗。
牺牲玉帛，敢荐馨香，慎终追远，公祭圣王。
千年往事，历史回响，心随雁远，悠悠激荡。

唐末巢乱，中原板荡，王氏三龙，崛起草莽。
琅琊世代，固始东乡，才为世出，德标时尚。
九十九姓，随王戎行，骐骥一跃，雷鸣电闪。
纵横江淮，挥师南向，义释陈岩，勇降汀漳。
拜剑三动，天命所臧，孝友服众，三军气壮。
泉州除暴，福州安良，汀建归顺，一统闽疆。
兄终弟及，奠基安邦，忠贞与国，福泽汪洋。
嗟惟我王，绍越开疆，武功赫赫，文治煌煌。
筚路蓝缕，八闽拓荒，父老来迎，箪食壶浆。
轻徭薄赋，家给农桑，保境睦邻，生息修养。
四门延学，儒士云翔，培英育秀，政教翕张。
量才铨叙，招贤进榜，海滨邹鲁，十国典范。
内持朝贡，外辟海航，琉球斩浪，四海通商。
三十年间，一境晏然，开门节度，古今颂扬。
三教融合，牧竖乐享，甘棠遗爱，百世流芳。
参天大树，根系源壤，繁衍播迁，叶茂枝繁。
形远神聚，泽被各蕃，光耀五洲，群星璀璨。
宇内苗裔，汇聚一堂，喜迎赤子，祭拜吾王。
缅怀祖恩，永志不忘，休戚是同，共荣共享。
继往开来，王风浩荡，承前启后，续写新章。
敦亲睦族，爱国兴邦，开闽精神，薪火相传。
盛世良辰，焚帛酹觞，祖鉴宛在，来格来尝。
闽王审知，丰功伟烈，日月昭昭，千秋万代。
念兹在兹，至诚至善，即布虔敬，伏惟尚飨。

5. 开闽王氏族规

孝父母　笃友恭　守国法　睦宗族　和乡党　训读书
勤耕织　慎交友　端品行　尚忍让　遵俭约　别男女
儆懒惰　戒赌博　远酒色

《开闽忠懿王氏族谱》

参考文献

一、史书

1. [宋]薛居正监修．旧五代史．中华书局，2015 年．

2. [宋]欧阳修撰．新五代史．中华书局，2015 年．

3. [宋]司马光．资治通鉴．线装书局，2011 年．

4. [宋]梁克家撰．三山志．方志出版社，2003 年．

5. [明]何乔远撰．闽书．福建人民出版社，1994 年．

6. [清]吴任臣编撰．十国春秋．中华书局，2010 年．

7. [清]周学曾修撰．晋江县志（道光版）．福建人民出版社，1990 年．

二、学者著作

1. 王枝忠．王审知——开闽第一人．福建人民出版社，2016 年．

2. 王铁藩．王审知谱志汇编．福建人民出版社，2015 年．

3. 罗金川．开闽王．海峡文艺出版社，2016 年．

4. 何乃川、陈其才．厦门龙源宫开闽王信仰研究文集中国文化出版社，2008 年．

三、论文

1. 颜立水．北辰山与王审知．同安文史资料，2013 年．

2. 黄洁琼．福建开闽王信仰初探．赣南师范大学学报，2017 年．

3. 陈榕三．开闽三王与闽南历史关系研究．第六届海峡两岸闽南文化研讨会论文集，2010 年．

4. 刘大可．闽西客家地区的闽王信仰．福建论坛·人文社会科学版，2017 年．

后 记

开闽王王审知是闽文化的播种人和创始者，海上丝绸之路的开拓人和奠基者，其信仰在福建乃至台湾地区和海外华侨聚集区都具有深远的影响。2009 年 6 月，“北辰山开闽王信俗”被列入第二批厦门市非物质文化遗产代表性项目名录。2017 年 1 月，“王审知信俗”被列入第五批福建省非物质文化遗产代表性项目名录。虽然许多学术机构、民间组织及学者对王审知有过不少研究，但从其信仰角度来撰写专著的很少，从非遗视野来论述的还没有，期望本书出版能促进该非遗项目的保护和传承。

本书分为七部分：第一部分讲述三王入闽的传奇经历；第二部分叙述王审知治理闽地的伟绩；第三部分介绍与王审知相关的遗址；第四部分叙述王审知信俗体系的演变过程，分析其形成原因，介绍其主要信俗；第五部分介绍开闽王氏的宗族崇拜，跟随入闽从姓及部分功臣名将；第六部分介绍王审知信俗的庙宇分布、纪念场所、节庆祭典、研习团体；第七部分讨论王审知的历史定位，其信俗的社会文化价值，探索保护传承措施。由于水平所限，定有错误及不周之处，恳请各位读者批评指正。

本书承蒙厦门大学教授、博士生导师、省民俗学会常务副会长石奕龙老师作序，得到厦门市非遗专家组组长、闽南文化专家陈耕，同安文史专家颜立水，国家一级作家、厦门文艺主编曾纪鑫等老师的精心指导。厦门闽南文化研究会、厦门市王审知研究会等学术机构以及部分王审知官庙理事会给予大力协助，谨此一并致以衷心感谢。

蔡亚约
2019 年 10 月

图书在版编目(CIP)数据

王审知信俗 / 蔡亚约著. —厦门 : 鹭江出版社，2020.5
（闽南非物质文化遗产丛书. 第二辑）
ISBN 978-7-5459-1689-8

Ⅰ.①王… Ⅱ.①蔡… Ⅲ.①王审知(862—925)—人物研究 ②神—信仰—民间文化—研究—福建 Ⅳ.①K827=43 ②B933

中国版本图书馆 CIP 数据核字(2020)第 048779 号

闽南非物质文化遗产丛书·第二辑

WANGSHENZHI XINSU

王审知信俗

蔡亚约　著

出版发行：鹭江出版社
地　　址：厦门市湖明路 22 号　　**邮政编码**：361004
印　　刷：福建彩色印刷有限公司
地　　址：福州市福新中路 66 号　　**电　　话**：0591—83661924
开　　本：890mm×1240mm　1/32
插　　页：3
印　　张：5.5
字　　数：133 千字
版　　次：2020 年 5 月第 1 版　　2020 年 5 月第 1 次印刷
书　　号：ISBN 978-7-5459-1689-8
定　　价：45.00 元

如发现印装质量问题，请寄承印厂调换。